Titus Livius
Ab urbe condita libri

Die Anfänge der römischen Republik

Textauswahl aus dem II. Buch
nebst Abschnitten
aus dem V. und VII. Buch
Mit Wort- und Sacherläuterungen
Arbeitskommentar mit Zweittexten

von Horst Meusel
mit einem Beitrag (II 1–6)
von Christof Bodamer

Lehrerkommentar

Ernst Klett Stuttgart

Diese Ausgabe ist Anregungen und Materialien von Egon Römisch in besonderer Weise verpflichtet und möchte sein Andenken ehren. *Horst Meusel*

Inhalt

ISBN 3-12-638130-8

1. Auflage 1 5 4 3 2 1 | 1987 86 85 84 83

Alle Drucke dieser Auflage können im Unterricht nebeneinander verwendet werden. Die letzte Zahl bezeichnet das Jahr dieses Druckes.

Umschlag: Kurt Weidemann, Stuttgart
Satz: Gneiting GmbH Filmsatz + Druck, Tübingen
Druck: Wilhelm Röck, Weinsberg

Einführung

Hinweise zu den allgemeinen, sich wiederholenden Aspekten und Aufgaben der Texterschließung und Interpretation (I–X) im Arbeitsheft der Schüler.
Grundlage für die Arbeitsaufträge ist das folgende *heuristische Schema* für die Interpretation, das sich an den verschiedenen *Ebenen und Schichten des Textes* orientiert und *ordnende Oberbegriffe* für die Vielzahl möglicher Betrachtungskategorien bereitstellt.

(textintern)		*(textextern)*
1 Inhaltsebene	**2 Ausdrucksebene** *(7 Schichten)*	**3 Pragmatische Ebene**
1.1 Raum	2.1 Morphologie (Morpheme, Wortarten)	(Bedingungen von Produktion und Rezeption im jeweiligen gesellschaftlich-kulturellen Gesamtzusammenhang)
1.2 Zeit	2.2 Syntax (Satzglieder, Satzbau)	3.1 Autor: Biographie, Haltungen, Intentionen
1.3 Personen	2.3 ‚Figuren' (Wortstellung)	3.2 Gattung: Merkmale, Regeln, Vorläufer, Innovationen
1.4 Handlungen/Geschehen	2.4 Semantik (Bedeutung, Bedeutungsverhältnisse)	3.3 Leser: Merkmale, Haltungen, Erwartungen
1.5 Sprechakte	2.5 ‚Tropen' (Wortwahl, Wortverwendung)	3.4 jeweiliger ‚Kontext'
1.6 geistige Akte	2.6 Phonetik (Lautgestalt)	
1.7 Wertbegriffe/Vorstellungen	2.7 Metrik (Rhythmus)	
1.8 Sachen/Sachverhalte/Institutionen		
1.9 Bilder/Motive		
1.10 Thema/Problem		

‚Strukturen' kommen auf beiden textinternen Ebenen zustande, indem sie sich teils unterstützen, teils mit wechselnder Dominanz überlagern. Der Strukturbegriff läßt sich umschreiben als Verdichtung und Anordnung, Verhältnisse und Bezüge von Elementen verschiedener Ebenen des Textes in ihrem Zusammenspiel. Lautgestalt und Rhythmus (2.6/7) sind naturgemäß in der Prosa von geringer Bedeutung, zumal wenn man auf die Behandlung der Klauseln verzichtet. Quantitativ erstreckt sich der Strukturbegriff vom einzelnen Wort fortschreitend über Wortgruppe, Satz, Textabschnitt bis zum Gesamttext der Erzähleinheit.
Die folgende Gegenüberstellung kann die Bezüge zwischen Arbeitsaufträgen und Ebenen der Textbetrachtung (s. o.) sowie deren Gewichtung zeigen:

Arbeitsauftrag		**Ebene der Textbetrachtung (Schema)**	
I	Mitteilungen des Textes	1	Inhaltsebene
II	Gliederung des Textes	1 + 2.1–2	(Inhalt, Form, Syntax)
III	Aufbau des Satzes	2.1–3	(Form, Syntax, Semantik)
IV	Verwendung der Tempora	2.1	(Form → Syntax, Semantik)
V	Semantische Beziehungen	2.4	(Semantik: Bedeutungsverhältnisse)
VI	Wortwahl/Wortverwendung	2.5	(Semantik: Tropen)
VII	Wortstellung	2.3 + 6	(Syntax/Phonetik: Figuren)
VIII	Wort- und Sachfelder	2.4	(Semantik: Kohärenz – Wortschatz)
IX	Arten der Charakterisierung	1.3–7	(Inhalt: Personen, Charakt.)
X	Erzählperspektive	3.1–4	(Autor, Gattung, Leser, Kontext)

Der ausgeführte Orientierungsrahmen erfährt in einzelnen Aufträgen des Arbeitsheftes weitere Differenzierungen durch **Gesichtspunkte der Erzähltheorie,** welche die literarische Verdichtung des Textes sowie Merkmale des Erzählvorgangs bewußt machen können:
a) Der Erzähler wechselt häufig die **Erzählsituation:** bald ist er der **auktiorale Erzähler** außerhalb der erzählten Welt, den die historische Distanz vom erzählten Geschehen trennt, der den Ausgang des Geschehens kennt, Raum und Zeit überblickt (sogen. *‚olympische Perspektive‘*) und sogar in das Innere seiner Personen hineinblickt *(‚Allwissenheit‘)*. Gelegentlich tritt er dem Geschehen mit dem Wissen seiner Zeit betrachtend und urteilend gegenüber. Dann wieder wird der Leser in einer **personalen Erzählsituation** eingefangen *(persona = Maske),* bei der er gleichsam in den Blickpunkt einer Person der erzählten Welt versetzt wird, mit ihr wahrnimmt, denkt und fühlt, agiert und reagiert. Es entsteht der Eindruck der Unmittelbarkeit der Darstellung, der Horizont verengt sich zu personaler Sicht innerhalb des Geschehens.

Eng damit verbunden sind drei weitere Unterscheidungen:
b) Wechsel zwischen Innen- und Außenperspektive **(Erzählperspektiven):**
Außenperspektive:
Blickpunkt des Erzählers außerhalb der erzählten Welt; Wahrnehmung der Außenwelt (Schauplatz, Aussehen, Handlung, Verhalten der Figuren);
Innenperspektive:
Blickpunkt eines Erzählers, der als handelnde oder beobachtende Figur zur erzählten Welt gehört; Wahrnehmung der Innenwelt (Gedanken, Gefühle, Bewußtseinsinhalte der Figuren);
c) Wechsel zwischen direkter und indirekter **Charakterisierung:**
direkt:
Name, Herkunft, Verdienste, Eigenschaften, Erscheinung;
indirekt:
Gedanken, Äußerungen, Verhalten der betreffenden Person, Äußerungen beteiligter Personen über diese;
d) Wechsel der **Erzählweise** (Relation von *Diegesis* und *Mimesis* = Erzählprofil):
Bericht von Vorgängen im Überblick, konstatierend, Distanz;
(szenische) **Darstellung** von Vorgängen, Illusionierung, Nähe;
Betrachtung (auktorial oder personal): Motive, Hintergründe, Sinn, Verallgemeinerung, Vergleich;
Beschreibung: Raum, Atmosphäre, Bild, Symbol; Zeitstillstand, Statik, Sachverhalt.

In der Dimension der **Zeit** erweisen sich folgende Unterscheidungen als hilfreich:
e) Erzählgegenwart (des Autors) versus **Handlungsgegenwart** (der erzählten Welt), im Falle unserer Textauswahl getrennt durch eine Erzähldistanz von ca. 500 Jahren, die der Autor zuweilen in didaktischer Absicht durch zeitübergreifenden Vergleich überspringt.
(Auf der Seite der Rezeption existiert zudem eine Lesedistanz von ca. 2000 Jahren zwischen dem intendierten Leser des Proömiums – § 4 *legentium plerique* – und dem heutigen individuellen Leser; hieraus ergibt sich die Aufgabe, die Kompetenz des heutigen realen Lesers so weit wie möglich der des ‚impliziten‘ Lesers anzunähern, um eine angemessene Rezeption zu ermöglichen.)
f) Erzählzeit (EZ, als Textquantität in Zeilen oder Seiten gemessen) versus **erzählte Zeit** (e.Z., chronometrisch nach Stunden, Tagen, Monaten usw.). Als Relationen zwischen beiden Einheiten ergeben sich häufig **Raffung** in verschiedenen Abstufungen (Lücke,

Sprung, iterativ, durativ), gelegentlich **Deckung** (z.B. bei direkter Rede) oder sogar **Dehnung** (z.B. Reflexionen), woraus sich u.a. Gewichtungen und Darstellungsabsichten ableiten lassen.

g) Auch in der Beschreibung des **Raumes** lassen sich Stufen der **Reduktion** über den Ausschnitt bis zum Detail unterscheiden. Es gibt Innen- und Außenräume, und der **Ortswechsel** als Verlagerung einer Handlung oder Weiterführung zweier Handlungsstränge ist erzähltechnisch und dramaturgisch stets von Interesse.

In diesem Zusammenhang sei als letzter Begriff der **Blickpunkt** *(point of view)* erwähnt, in den der Erzähler den Leser versetzt: Er wechselt zwischen den Polen **Distanz** (Mitteilung) und **Nähe** (Wahrnehmung) mit einer entsprechenden Erweiterung oder Verengung des Blickwinkels und ist mit den Einstellungen einer Kamera (Totale – Nahaufnahme) zu vergleichen.

(Zu unterscheiden ist davon der sogen. ‚Erzählerstandpunkt‘: Dieser Ausdruck meint die literarisch manifestierten Einstellungen des Autors.)

Zur Vermeidung von Mißverständnissen sei noch erwähnt, daß die genannten Aspekte weder insgesamt neu sind noch in jedem Fall eindeutige und abgrenzbare Sachverhalte erfassen. Es handelt sich vielmehr meist um komplementäre Begriffe eines Formenkontinuums mit heuristischer Funktion zur Erschließung des Erzählvorgangs.

Bezogen auf ein vereinfachtes Kommunikationsmodell ergibt sich die folgende **Zuordnung der erläuterten Begriffe im Überblick:**

1	**1.1**	**2**	**3.1**	**3**
Autor extern real	**‚Autor‘** (implizit) = Erzähler	**Erzählte Welt** 2.1: Person(en) + 2.2: Handlung(en) 2.3: in Zeit + 2.4: Raum	**‚Leser‘** (implizit) abstrakt	**Leser** extern individuell
	Erzählsituation auktorial – personal	**2.1** Protagonist(en)		
	Erzählperspektive außen – innen	Figurenkonstellation		
	Charakterisierung direkt – indirekt	Charakter(e)		
	Verknüpfung: additiv – korrelativ – kausal **Abfolge:** chronologisch – umgestellt – verschränkt **Erzählweise** Bericht – Darstellung Beschreibung – Betrachtung	**2.2** Komponenten einer Handlung: Ausgangslage verändernde Kräfte verändernde Vorgänge neue Verhältnisse		
Erzählgegenwart – (Erzähldistanz) –	**Erzählzeit** (EZ)	**2.3** Handlungsgegenwart (wann?) erzählte Zeit (eZ – wie lange?)		
	Raffung:	Lücke, Sprung, wiederholt		
	Deckung:	z.B. direkte Rede		
	Dehnung:	z.B. Reflexionen		
		2.4 Innenraum – Außenraum Ortswechsel Reduktion/Ausschnitt		
	‚Blickpunkt‘ *(point of view)* Nähe – Ferne			

Als **Beispiel für eine erzähltheoretische Analyse** mag die folgende Charakterisierung von Livius II 12,1–8 *(Mucius Scaevola)* in Stichworten dienen:

	Z 1–4: Verknüpfung der Erzählstränge – Kap. 11,10 *finis evagandi*
Obsidio erat nihilo minus et frumenti cum summa caritate inopia, sedendoque expugnaturum se urbem spem Porsenna habebat,	– Kap. 11,2–3 *frumentum* (Rom) – Kap. 11,1 *obsidendam* (Porsenna) Erzählsituation: auktorial Erzählweise: Beschreibung Erzählw.: Bericht (neuer Protagonist)
cum C. Mucius, adulescens nobilis, cui indignum videbatur populum Romanum servientem, cum sub regibus esset, nullo bello nec ab hostibus ullis obessum esse, liberum eundem populum ab isdem Etruscis obsideri, quorum saepe exercitus fuderit – itaque magno audacique facinore eam indignitatem vindicandam ratus primo sua sponte penetrare	Charakterisierung: direkt (Herkunft) Erzähls.: personal; Perspekt.: Innen- Z 8–22: Erzählweise: Betrachtung (aus der Sicht des neuen Protagonisten; Hintergründe, Motiv) Charakt.: indirekt (Überlegung, Haltung) EZ: eZ = Dehnung (*libertas* als Motiv wird gewichtet); Inhalt: geistige Akte *(videbatur – ratus – constituit)*
in hostium castra constituit; dein metuens, ne, si consulum iniussu et ignaris omnibus iret, forte depre- hensus a custodibus Romanis	Inhalt: geistiger Akt (*metuens* – Absicherung gegen Verdacht)
retraheretur ut transfuga fortuna tum urbis crimen affirmante, senatum adit. ,Transire Tiberim', inquit, patres, et intrare, si possim, castra hostium volo non praedo nec populationum invicem ultor; maius, si di iuvant, in animo est facinus.' Adprobant patres; abdito intra vestem ferro proficiscitur.	personale/auktoriale Reflexion Erzählweise: Bericht (Forts. v. Z 5–6) Erzählweise: Darstellung (dir. Rede) Erzählsit.: personal (Leser = Zeuge) EZ: eZ = Deckung Inhalt: Sprechakt (Klarstellung des Motivs, Vorhaben nicht bekannt) Charakterisierung: indirekt Erzählweise: Bericht (Forts. v. Z. 24) EZ: eZ = Raffung Ortswechsel; EZ: eZ = starke Raffung (Lücke der äußeren Handlung)
Ubi eo venit, in confertissima turba prope regium tribunal	Erzählsituation: auktorial Inhalt: Raum (Ausschnitt, Annäherung)
constitit. Ibi cum stipendium militibus forte daretur et scriba cum rege sedens pari fere ornatu multa ageret eumque milites volgo adirent,	Erzählweise: Schilderung/Darstellung Erzählsit.: auktorial (Protagonist in der Menge untergetaucht; Abfolge ver- schiedener Wahrnehmungen mit Blick- Wechsel = Subjektwechsel) Blickpunkt *(point of view)*: Nähe

timens sciscitari, uter Porsinna esset,	Perspektive: Innen- (Unsicherheit)
ne ignorando regem	Inhalt: geistiger Akt (Absicherung)
semet ipse aperiret, quis esset,	
quo temere traxit fortuna facinus,	Außenpersp.; Deutung des Erz. (Sentenz)
scribam pro rege obtruncat.	Erzählweise: Bericht (Forts. v. Z. 37/40)

Diese Art der Analyse macht zwei Merkmale der Erzählung augenfällig: Der starken Raffung des äußeren Geschehens entspricht eine Dehnung in den reflektierenden Abschnitten; die Absicht des Autors, die Motivierung des Geschehens zu gewichten, wird evident. Hinzu kommt die Innenperspektive mit ihrer Sympathiesteuerung zugunsten des Protagonisten, um sein für römische Prinzipien problematisches Vorgehen akzeptabel zu machen.
An den vielfältigen Übergängen zwischen den Polen der auktorialen und der personalen Erzählsituation sowie zwischen Elementen unterschiedlicher Erzählweisen – oft innerhalb eines komplexen Satzgefüges – läßt sich der hohe Ausformungsgrad des literarischen Gebildes ablesen.

Literaturhinweise

(1) M. v. Albrecht, *Meister römischer Prosa von Cato bis Apuleius* (Interpretationen), Heidelberg 1971, 110–126 (zu Liv. VII 9–10)
(2) P. Barié, *Menenius Agrippa erzählt eine politische Fabel,* AU XIII 4, 1970, 50–77; Wiederabdr. in: Barié, *Die ‚mores maiorum' in einer vaterlosen Gesellschaft,* Frankfurt 1973
(3) P. Barié, *Mythisierte Geschichte im Dienst einer politischen Idee – Grundkurs Historiographie am Beispiel Livius,* AU XIX 2, 1976, 35–42
(4) E. Burck, *Die Erzählungskunst des Livius,* Problemata 11, Berlin 1934, ²Berlin/Zürich 1964
(5) E. Burck, *Einführung in die erste Dekade des Livius,* Heidelberger Texte – Lat. Reihe Bd. 7, Heidelberg ⁵1967, 5–62
(6) E. Burck (Hg), *Wege zu Livius,* WdF 132, Darmstadt 1967
(7) B. Gährken, *Livius,* in: H. Krefeld (Hg), *Interpretationen lat. Schulautoren.* Frankfurt ²1970, 196–217 (zu Buch I)
(8) H. Hölk, *Livius-Interpretationen in Untersekunda,* AU VII 2, 1964, 59–80
(9) H. Kummer, *Die Geburtsstunde der libera res publica,* AU VII 2, 1964, 32–48
(10) B. Kytzler, Shakespeare, *Coriolan. Dichtung und Wirklichkeit,* Berlin 1965
(11) J.A. Mayer, *Libertas,* AU VII 3, 1964, 58–81
(12) J.A. Mayer, *Pontes,* Begleitbuch zur Lektüre nach übergeordneten Themen, S. 66–77 *(Coriolan),* 118–126 *(libertas)*; Lehrerheft S. 40–45 *(Coriolan),* 65–70 *(libertas),* Stuttgart ⁵1972
(13) H. Meusel, *Die römische Auffassung der Geschichtsschreibung – Ausgewählte Stellen aus der 1. Dekade des Livius,* in: E. Römisch (Hg), *Lernziel und Lateinlektüre, Unterrichtsprojekte im Fach Latein,* Beiheft AU XVII 1974, 67–146
(14) Th. Mommsen, *Die Erzählung von Cn. Marcius Coriolanus,* Hermes 4, 1870, 1–26
(15) H. Oppermann, *Die Einleitung zum Geschichtswerk des Livius,* AU II 7, 1955, 87–98 (=18, 169–180)
(16) W. Pabst, *Cn. Marcius Coriolanus – Einzelkämpfer oder Gruppenrepräsentant. Ein Beitrag zur quellenkrit. Liviuslektüre,* AU XX 5, 1977, 73–81
(17) V. Pöschl, *Die römische Auffassung der Geschichte,* Gymnas. 63, 1956, 190–206
(18) V. Pöschl (Hg), *Römische Geschichtsschreibung,* WdF 90, Darmstadt 1969 (darin bes.: E. Gjerstad, *Legends and Facts of Early Roman History,* Lund 1962, übers. S. 367–458)

(19) E. Römisch, *Mucius Scaevola (Livius II 12). Die Interpretation als Ansatz zur Lernzielbestimmung,* in: E. Römisch (Hg), *Lernziel und Lateinlektüre,* Beiheft AU XVII 1974, 45–66
(20) W. Schibel, *Sprachbehandlung und Darstellungsweise in römischer Prosa (Claudius Quadrigarius, Livius, Aulus Gellius),* Amsterdam 1971, 9–90
(21) K. Thraede, *Livius im Spiegel der neueren Forschung,* in: F. Hörmann (Hg), *Neue Einsichten* (Dialog Schule – Wissenschaft, Klass. Sprachen und Literaturen V), München 1970, 61–81
(22) H. Tränkle, *Der Anfang des römischen Freistaates in der Darstellung des Livius,* Hermes 93, 1965, 311–337
(23) N. Wilsing, *Wege und Ziele der lat. Historikerlektüre,* Gymnasium 63, 1956, 217–232 (Abdruck der Interpretation von Livius II 12 in: N. Wilsing, *Die Praxis des Lateinunterrichts II,* Stuttgart ²1964, 72–78)
(24) K. Witte, *Über die Form der Darstellung in Livius' Geschichtswerk,* Rhein. Museum für Philologie, NF Bd. 65, 1910. Abdruck WBG, Reihe ‚libelli' Bd. 284, Darmstadt 1960

Texte

(25) *Titi Livi ab urbe condita libri I–V* (Tomus I), *libri VI–X* (Tomus II), ed. R.S. Conway et C.F. Walters, Oxford 1964
(26) T. Livius, *Ab urbe condita libri I–X* (Auswahl). Textauswahl, Einl. und erkl. Namenverzeichnis von E. Burck (Heidelberger Texte, Lat. Reihe Bd. 7), Heidelberg ⁵1967

Kommentare

(27) W. Weissenborn/H.J. Müller, *Titi Livi ab urbe condita libri I–V, VI–X,* Berlin ⁶1924, unveränderter Abdruck ⁷1962
(28) R.M. Ogilvie, *A commentary on Livy, Books 1–5,* Oxford 1965

Übersetzung

(29) Titus Livius, *Römische Frühgeschichte* Bd. 1 und 2, übertr. und ausgew. von J. Feix (Goldmann TB 675/831), München 1962

Erzähltheorie

a) Grundlagen

(30) F.K. Stanzel, *Die typischen Erzählsituationen im Roman,* Wien – Stuttgart 1955
(31) ders., *Typische Formen des Romans,* Göttingen ⁹1979
(32) ders., *Theorie des Erzählens,* Göttingen 1979
(33) E. Lämmert, *Bauformen des Erzählens,* Stuttgart ⁴1970
(34) W. Haubrichs (Hg), *Erzählforschung 1: Theorien, Modelle und Methoden der Narrativik,* Göttingen 1976

b) antike Literatur

(35) B. Effe, *Entstehung und Funktion ‚personaler' Erzählweisen in der Erzählliteratur der Antike,* Poetica 7, 1975, 135–157
(36) M. Fuhrmann, *Narrative Techniken in Ciceros 2. Rede gegen Verres,* AU XXIII 3, 1980, 5–17
(37) W. Görler, *Die Veränderung des Erzählerstandpunktes in Caesars b.G.,* Poetica 8, 1976, 95–119
(38) ders., *Caesar als Erzähler,* AU XXIII 3, 1980, 18–31
(39) G.A. Seeck, *Der epische Erzähler und das Problem der Erzählperspektive in der antiken Geschichtsschreibung,* Mitteilungen für Lehrer der Alten Sprachen (Bad.-Württ.) 9 II 1978, 3–16

Praefatio

A 3

Zusammenfassende Übersicht in Stichworten:

§ 1–2 Gegenstand und Vorgänger:
Thema; Charakterisierung des Gegenstandes; Vorgänger und deren Zielsetzung. Zurückhaltende Einschätzung seines Erfolges angesichts der Überlieferung.

§ 3 Selbstverständnis des Autors:
Dienst an der Überlieferung eines geschichtsmächtigen Volkes; Geltung in der Reihe der Geschichtsschreiber. Geste der Bescheidenheit gegenüber den Vorgängern.

§ 4 Schwierigkeiten des Unternehmens:
Zeitraum und Ausmaß des Stoffes; einseitiges Interesse der Leser an der Zeitgeschichte.

§ 5 Persönliche Motive für die Darstellung der alten Geschichte:
Abwendung von der durchlebten Misere der Bürgerkriege; größere Unabhängigkeit des Autors bei der Darstellung.

§ 6–7 Begründung einer Darstellung der Frühgeschichte ohne kritische Analyse der Überlieferung:
Angabe des Teilgebietes; Quellenlage; Ablehnung einer kritischen Methode; Rechtfertigung der Geschichtssage a) für andere Völker, b) für Rom im besonderen.

Didaktische Gewichtung der Darstellung: § 8–9
geringe Einschätzung einer kritischen Geschichtsschreibung für die römische Frühgeschichte; lehrhafte Wendung an den Leser; positive historische Faktoren; negative Faktoren. Einteilung der röm. Geschichte in Epochen: Aufstieg – Verfall (allmählich – rapide).

Vom besonderen Nutzen der Historie: § 10
das herausragende historische Beispiel als Mittel der Belehrung; das Geschichtswerk als erhellendes Mahnmal; Übertragbarkeit des historischen Lernens auf aktuelle Entscheidungen im persönlichen und politischen Bereich.

Exemplarische Bedeutung der römischen Geschichte: § 11
Größe, Würde, Beispielhaftigkeit; spätes Eindringen von Habgier und Verschwendung; langdauernde, normierende Geltung einer bescheidenen Lebensweise.

Analyse des Verfalls: § 12
ursächliches Verhältnis von Besitz und Streben nach persönlichem Gewinn; Ursache, Symptome und Folgen individuellen und staatlichen Verfalls.

Ausdruck des künstlerischen Anliegens in der Reminiszenz des Gebetes: § 13
kultische Formel; Reminiszenz; Bitte.

Buch II, Kap. 1–6

Gliederung

1	**libertas recuperata (libertas – reges exacti)** *Von der Königszeit zur Republik*	**1, 1–6**
1.1	Thema: res gestae liberi populi Romani; annui magistratus; imperia legum	1, 1
1.2	Reflexion über das Thema: die historisch-politischen Bedingungen der libertas. libertas: proximus rex, priores reges; Brutus: plebs – patres; discordia – moderatio imperii	1, 2–6
2	**cura libertatis (imperium)** *Freiheit und Herrschaft*	**1, 7–2, 11**
2.1	Maßnahmen zur Sicherung der Freiheit consules (fasces); Brutus: vindex – custos; populi ius iurandum; res divinae (rex sacrificulus)	1, 7–2, 2
2.2	Collatinus als Opfer der Angst vor den Königen nomen Tarquinii (regis) periculum libertati; metus, suspicio, sermo; oratio Bruti, abdicatio Collatini	 2, 3–2, 4 2, 5–2, 11
3	**libertas prope amissa (coniuratio – bona regia – supplicium – civitas)** *Bedrohung der Freiheit von innen*	**3, 1–5, 11**
3.1	Die Stimmung der römischen Jugend. Vergleich: rex – leges	3, 1–4
3.2	Die Tätigkeit der Tarquinischen Gesandten in Rom aperte: bona regia repetunt; clam: consilia recuperandi regni struunt; litterae	3, 5–4, 4
3.3	Die Aufdeckung der Verschwörung servus – litterae – consules	4, 5–4, 7
3.4	Entscheidung für den Krieg mit den Tarquiniern patres vetuerunt bona regia reddi *Exkurs:* ager Tarquiniorum, campus Martius, insula Tiberina (= Aitiologie: topographisch)	5, 1–4
3.5	Bestrafung der Verschwörer Brutus: pater – consul	5, 5–8
3.6	Belohnung für den index *Exkurs:* vindicta – Vindicius (= Aitiologie: etymologisch)	5, 9–10
4	**defensio libertatis (Krieg gegen Tarquinius Superbus)** *Bedrohung der Freiheit von außen*	**6, 1–11**
4.1	Tarquinius Superbus wirbt um Unterstützung in Etrurien	6, 1–4
4.2	Zweikampf: Brutus – Arruns Tarquinius	6, 5–11

Schwerpunkte der Texterschließung
1. Der Erzähler: Programm; Protagonist (Brutus); Sympathie-, Antipathielenkung
   Zusatztexte: Monarchie – Republik
2. Protagonist (Vorgeschichte)
   Die Einzelszene: Perspektiven der Erzählung; Formen der Charakterisierung
3. Die Erzählung: Komposition, Dramaturgie
   Literarische Topoi (rex/lex; litterae/coniuratio)
   Exkurs und Aitiologie (Quellen)
   Visualisierung von Geschehen (Hinrichtung)
4. Visualisierung (Schlacht, Zweikampf)

1–6 **Z 1**

T. Livi ab urbe condita libri I Perioche Ia

Ziel: Einordnung der Lektüreneinheit in den Zusammenhang des Werkes. Kursorische Lektüre einer ‚Quelle'. Voraussetzungen: Einführung in die Frühgeschichte Italiens, Inhaltsreferate anhand einer Übersetzung zum ersten Buch; Einführung in die geographische Gliederung Italiens die Topographie Roms und seiner Umgebung.

A 1

1.1 Stichwortartige Darstellung

1.2 Sie sind Teil der Vor- und Frühgeschichte Roms. Aeneas als Stammvater. Herrschaft in Latium. Ab Ascanius werden sie als Könige bezeichnet, ab Romulus als Könige Roms (7). Chronologische Anordnung der Namen.

1.3 Leistungen

außen	innen		
militärisch	Einrichtung / Aufbau des Staates		
Expansion Krieg mit den Nachbarvölkern	Verfassung Organisation der Herrschaft	Stadtgründung Bautätigkeit militärische, soziale, wirtschaftliche Leistungen	religiöse Einrichtungen Kult Tempelbau

1.4 Mythische Ereignisse sind ebenso Teil der Geschichtsdarstellung wie besondere Ereignisse sonstiger Art, die als Heldentaten, Verbrechen, Merkwürdigkeiten *(miracula, omina ...)* überliefernswert erscheinen. Die Geschichtsschreibung beschränkt sich also nicht auf überprüfbare oder erwiesene Tatsachen, die in direktem Zusammenhang mit dem Thema stehen. (Das Problem der Quellenlage zur römischen Frühgeschichte ist dabei nicht berücksichtigt.)

Kapitel 1

1

A 1 **§ 1–6**

liber, libertas = libertas
rex, regnare, regnum, regius = regnum
antithetisch; Hauptthema = *libertas*

A 2

2.1 *(**Livius** ... peragam)*
reges** (superbia proximi regis; priores ita regnarunt) neque ambigitur, quin **Brutus** ... quid enim futurum fuit, si ... **plebs** ... res **populi

2.2 Themenangabe durch den Autor; Reflexion zum Thema in zwei Schritten; Folgerung aus der in der Reflexion aufgestellten Hypothese

A 3

adultae, fovit, nutriendo, frugem, maturis viribus

Bildersprache (Metaphorik); Wachsen von Früchten; Fürsorge von Tieren für ihre Jungen

In der Darstellung des Livius wird die Entwicklung des Staates von einer Stufe zur anderen gleichgesetzt mit dem Werden und Wachsen in der Natur. An dieser Stelle kann man erörtern, ob die Metapher aus dem organischen Bereich dem geschichtlichen Vorgang angemessen ist.

A 4

res gestae populi Romæni

libertas (politische Freiheit eines Gemeinwesens), Republik

annui magistratus; imperia legum

A 5

§2 **5.2/5.3** *superbia* = *insolentia, licentia* = Tyrannis bzw. *dominatio*

superbia = *servitus* = *iniustum imperium*

Mißbrauch der Herrschaft, durch den der *rex* zum *dominus* wird; Summe konkreter einzelner Vergehen, die gegen menschliches und göttliches Recht verstoßen; allgemein aus dem Bruch des *‚mos maiorum'*.

5.4 Bild des fürsorgenden *parens*; wie der *pater familias* steht auch der *rex* außerhalb bzw. über der Rechtsordnung, ist also im positiven Sinne *superbus*. Er steht aber durch die *fides* (Fürsorgepflicht) in einem rechtsähnlichen Verhältnis zu den ihm Unterstellten.

5.5 Eine an sich mögliche, gute Herrschaftsform. Sie neigt aber durch die unkontrollierte Herrschaftsausübung eines Einzelnen zur Entartung.

A 6

6.1 Die früheren Könige erscheinen als Nachfolger des Romulus, *conditores* der sich vergrößernden Stadt.

6.2 Einerseits wird Tarquinius Superbus als schlechter König gegen die guten abgesetzt; andererseits soll die Leistung des Brutus dadurch besonders positiv erscheinen, daß er nicht die Könige, sondern einen Tyrannen, also einen entarteten König, gestürzt hat.

A 8

8.1 §2: unmittelbare Vergangenheit, weitere Vergangenheit; §3: unmittelbare Vergangenheit, weitere Vergangenheit.

8.2 *ambigitur:* Erzählerzeit (Zeitstufe = Gegenwart), die vom Wissen her die erzählte Zeit mit einschließt und die Richtigkeit des Urteils begründet.

A 9

Monarchie, Aristokratie, Demokratie.

A 10

10.1 Problem, den Zeitpunkt eines möglichen oder notwendigen Verfassungswechsels zu erkennen bzw. ihn vorauszusehen, bzw., wenn er eingetreten ist, angemessen zu reagieren. Diese Angemessenheit liegt vor allem im maßvollen Verhalten (vgl. §6), das die Entartung, nach heutiger Sicht, revolutionärer Veränderungen vermeidet.

10.2 durch die Philosophen (vgl. Platon, Staat); durch den, allerdings überragenden, Politiker.

10.3 Brutus entspricht dem bei Cicero angesprochenen *magnus quidam civis et divinus paene vir.*

zu A 10

Verhältnis Livius – Brutus: Der Erzähler Livius spielt die fiktive Entscheidungssituation der erzählten Figur Brutus aus seinem Erzählerwissen durch, indem er zugleich in der Darstellung die Grenzen der erzählten Zeit durchbricht. Livius läßt gewissermaßen Brutus an der Allwissenheit des Erzählers teilhaben. Funktion ist die bewußte Sympathie- (in anderen Fällen auch Antipathie-)Lenkung des Lesers.

A 11

§ 4/5 **11.1** Tyrannis, Demokratie (vor allem in der Entartung).

11.2 Cicero: *cave ... multitudinem*
Platon: *Cum ... vocat.* (Die Konsequenzen sind weiter ausgeführt; bei Livius erscheinen diese in der Valerius-Episode.)
Livius: Sturm; Cicero: Meer, Feuer.
Der Unterschied liegt darin, daß bei Livius das Volk das Geschehen erleidet; bei Cicero dagegen geht von der Masse die Wirkung eines Naturelements aus; und ihr Verhalten wird eindeutig bewertet.

11.3 Metapher. Livius – Bild; Cicero – Vergleich.

11.4 Cicero/Platon: *plebs* = negativ. Livius sieht das Verhalten des Volkes als Ergebnis einer Entwicklung, nicht als Konsequenz bestimmter Eigenschaften; als Erzähler bleibt er hier neutral; er muß dies tun, weil sonst die am Ende von § 5 angestrebte *concordia* unlogisch wäre.

11.5 Platon: der maßvolle Mundschenk (Cicero: *patrium consilium principum*); Livius: moderatio imperii –Bild des Hegens und Pflegens.
patres bzw. *magnus quidam vir*.

§ 3–6 *Ergänzung: Fragen/Antworten*
§ 3 läßt sich beschreiben als eine Behauptung, deren Inhalt in einem irrealen Bedingungsgefüge entwickelt wird.
Welche Satzarten entsprechen sich in den §§ 4/5 und 6?
Welches Prinzip der Anordnung können Sie erkennen?
Ordnen Sie die inhaltlichen Aussagen der Periode so, wie sie nach Livius Vorstellung real und damit richtig sein sollten. Beschreiben Sie die Voraussetzungen, die die plebs erfüllen muß, um mit den patres Teil des populus Romanus werden zu können.
Mit welchem abstakten Begriff läßt sich das Idealverhältnis plebs – patres beschreiben?
Wo erscheint im Text explizit der Gegenbegriff?
In § 6 wird die irreale Folgerung aus der irrealen Hypothese (§§ 3–5) gezogen. Innerhalb desselben Satzgefüges erscheint aber zugleich eine reale Aussage.
Erklären Sie die Funktion des Indikativs.
Untersuchen Sie dementsprechend die §§ 3 und 5.

§ 3	Behauptung	Folge	Bedingung
	real HS	*irreal NS*	*irreal NS*
§ 4/5	Frage	Bedingung	Folge = Antwort § 6
	irreal HS	*irreal NS*	*irreal HS*

Chiasmus
Reife(n) für die *libertas*
multitudo —*consociare*→ *plebs (+patres)*
= *societas*
Voraussetzungen: intakte Familie; Bindung an den Staat (emotional/religiös); eine gewisse Zeit guter königlicher Herrschaft.

A 12

concordia
Anfang § 6: *discordia*

12.1 § 6: ..., *quas fovit tranquilla moderatio imperii,* .... Indikativischer Relativsatz: da der Relativsatz als Attributsatz nur an ein bestimmtes Nomen des übergeordneten Satzes anknüpft, seinem Inhalt nach nicht von diesem bestimmt ist, kann er Aussagen völlig anderer Art enthalten, zu dem weitere Nebensätze unter sich haben, die dann nur noch formal mit dem übergeordneten Satz zusammenhängen. In § 6 steht der Relativsatz inhaltlich in direktem Widerspruch zum Hauptsatz, wechselt außerdem aus der erzählten Zeit in die Erzählerzeit.
§ 4: ..., *qui ... meruit,* ...
§ 5: ..., *cui ... adsuescitur*

12.2 Livius kann auf diese Weise die erzählerische Position wechseln im Bezug auf: Inhalt, Zeit, Wissen, (Nicht-)Neutralität.

A 13

§7–11 **13.1** Maßnahmen zur Sicherung der *libertas* (unter Wahrung der Kontinuität der Herrschaft und Vermeidung des Eindrucks eines revolutionären Umsturzes). Konsulat; *res divinae;* Eid des Volkes; Erweiterung des Senats.
Der Eid unterbricht an sich die Reihe der staatliche Maßnahmen, ist aber wohl bewußt so gesetzt, um die Hauptbindungen des Volkes zu verdeutlichen: *dei – plebs – patres.*
13.2 Abschnitt 1: Gedankliche Problementwicklung bedingt komplexere sprachliche Ausdrucksform. Abschnitt 2: Maßnahmen, Beschreibungen, Angaben von Sachverhalten sind in klar überschaubaren, kürzeren, von einander abgesetzten Sätzen ausgedrückt.

A 14/15

§8 Einseitigkeit im Positiven und Negativen, deren mögliche Gefährlichkeit vor allem in der emotionalen Motivitation des Handelns liegt. Die Extreme werden durch den Parallelismus formal im Gleichgewicht gehalten.
15.1 Pathos; Fanatismus; Drohung des Genozid; Grausamkeit, Brutalität; Drang zur Führergestalt.
15.2 Persönlicher Haß.

zu A 15
Die Forderung der Eidesleistung ist zwar aus der Sicht des Brutus so richtig und notwendig, von der Charakterisierung des Volkes als *avidus libertatis* jedoch unzureichend. Brutus sieht die Gefahr nur in den Tarquiniern oder solchen, die sich zu ihren Nachfolgern machen wollen. Die Charakterisierung des Volkes läßt aber andere Möglichkeiten offen: *avidus* = a) begierig nach etwas, b) eifersüchtig bedacht auf; von der zweiten Bedeutung her kann sich der Widerstand auch gegen die neuen Machthaber richten. Das Ergebnis zeigt, daß Brutus hier von Livius bewußt auf die erzählte Figur reduziert wird.

Kapitel 2

2

A 1

Dem König kommt, wie hier Romulus, nicht nur eine göttliche Stellung zu, sondern seine Herrschaft ist letztlich auch durch die Götter legitimiert. Die Unterlassung bestehender *sacra,* die an den Königsnamen geknüpft war, erschien den Römern als Beleidigung der Götter. § 1–2

A 2

2.1 §3: *neque ambigitur* ...; §6 *dissipatae* ...; §7 *libertatis ... numeres;* §11: *id mirum* ....
2.2 Die Überschreitung des Maßes bei der Sicherung der Freiheit.
2.3 In der Darstellung der Maßnahmen selbst. *Cura:* Kap. 2,1–2. Wechsel einer positiven zu einer negativen *cura; curam habere rerum aliquarum (imperium, ius iurandum senatus, res divinae) cura libertatis.*

A 3

3.2 Collatinus als Opfer übertriebener Sorge für die *libertas.* §3–1

A 4

4.1 §§3–4: Das Gerede der Leute; 5–7: Die Rede des Brutus (indirekt – direkt); 8–10: Die Reaktion des Collatinus; 11: Abschließende Maßnahmen des Brutus.

4.2

Gliederung nach den Erzählperspektiven

§§	*Personen/Geschehen*	*Erzählebene*	*Innenperspektive*	*Außenperspektive*
1–2a		X		
2b	Livius			X
3a		X		
3b	sermo/ civitas		X oratio obl.	
4	Brutus	X		
5 *6* *7*	Brutus/ contio Brutus		X oratio obl. X oratio recta	
8 *9*	primores Lucretius	X		
10a *10b*	Collatinus	X	X	
11	Brutus	X		

4.3

Ort	*Personen*	*Situation/Vorgang*	*Zeit*
1 tota civitas	temptantes (cives)	sermo	längere Zeit
2 forum	Brutus plebs Collatinus	contio ius iurandum oratio	ein best. Tag
3 forum	Collatinus primores Spurius L. Collatinus	Reaktion auf die oratio	an demselben Tag, kurz danach
4 forum (curia)	senatus populus Brutus	senatus consultum comitia	an einem der nächsten Tage

4.4 1: gleichmäßig, 2: gedehnt, 3: gerafft, 4: gerafft.

4.5 In der Reaktion des Collatinus wird die Einheit von Ort und Zeit durchbrochen (§ 10 *rebusque suis omnibus Lavinium translatis civitate cessit*). Emotionale und praktische Reaktion sollen miteinander direkt verbunden erscheinen.

A 5

5.2 *populus Romanus/civitas (non credere populum Romanum ..., exonera civitatem vano forsitan metu ...)*; Collatinus *(meminimus ..., absolve ..., amicus ..., exonera ...)*; Brutus *(invitum se dicere ... vinceret)*.

A 6

6.1 *abrogatio* **6.2** *abdicatio*

zu A 6
Die Rolle des Collatinus:
Nach Dionysios von Halikarnassos und Plutarch ist Collatinus auch in die bei Livius in Kapitel 3 dargestellte Verschwörung verwickelt. Es stellt sich also die Frage, warum Livius der Tradition nicht folgt und Collatinus sein Amt freiwillig niederlegen läßt. Die Geschichte des Collatinus wird bewußt auf eine Rolle innerhalb der dramatischen Erzählung reduziert. Sein Schicksal dient als exemplum für die ‚cura libertatis'.

A 7

§ 3 **7.1** *nomen invisum civitati fuit* – – → *non placere nomen, periculosum libertati esse. nimium Tarquinios regno adsuesse* – – → *Nescire Tarquinios privatos vivere. regnum* – – → *hereditas* – – → *imperium Collatini.* Bewußt unscharf dargestellt ist die Frage der Herrschaft, die als imperium consulare zeitlich befristet (Annuität) und zweigeteilt (Kollegialität) ist.

7.2

nomen *invisum* civitati fuit;
nimium **Tarquinios** ***regno*** adsuesse;
initium a Prisco factum;
regnasse dein Servium Tullium;
ne intervallo quidem facto
oblitum, tamquam alieni, ***regni***,
Superbum Tarquinium
velut hereditatem gentis scelere ac vi [repetisse;
pulso Superbo penes Collatinum ***imperium*** [esse.
Nescire **Tarquinios** privatos vivere;
non placere **nomen,** *periculosum* libertati [esse.

Argumentationsreihe, in der an verschiedenen Stellen gleiche oder bedeutungsähnliche Begriffe in abweichendem Kontext erscheinen; scheinbare Objektivität durch die ‚historische Darstellung'; zweifache Klammer (nomen – Tarquinii); libertas betont an das Ende der Reihe gestellt (Reizwort).

A 8

8.1 … *unde periculum libertati foret.* § 4–5
8.2 *non placere nomen, periculosum libertati esse.*
8.3 Jeder und alles kann zur Bedrohung der Freiheit werden. Entscheidend ist dann nur noch, wer die Macht hat, zu bestimmen, was Freiheit ist. Gefahr der Entartung der Demokratie (zum Problem: Zweittext Kap. 1, Cicero, de re publica I,66. Zu den Folgen: Geschichte des Valerius).
8.4 § 5: Liebe zum Vaterland. Brutus verbirgt sich ganz hinter der Rolle des *acer vindex et custos libertatis.*
8.5 Brutus bekämpft in Collatinus das Prinzip; er setzt sich dabei über alle moralischen Skrupel hinweg; *sermo:* Verleumdungskampagne; *contio:* Manipulation der Öffentlichen Meinung; *oratio:* ‚negative' Rhetorik: Veränderung des Eides; Entschuldigung (Heuchelei); Vorschieben von Gründen; direkte Forderung (Appell an die Person selbst, an höhere Ideale, Drohung mit materiellen Sanktionen).

A 9

9.1 *invitum se dicere hominis causa ….* § 6–7
Der folgende Satz gilt C. direkt: *non credere … reciperatam esse.*
9.2 Die einzelnen Stufen: *nomen invisum; non placere nomen, periculosum libertati esse; regium genus, regium nomen; ita persuasum est.*
9.3 u.a.: Wechsel von Imperativ und Indikativ = Pathos.

A 10

cf. 8.5. § 8–1

A 11

Er kommt gar nicht zum Reden: *dicere deinde incipientem primores civitatis circumsistunt;* als sein Schwiegervater zu reden beginnt, hört Collatinus andererseits nicht zu. Entscheidend für sein Handeln ist nur, daß gerade er spricht.

A 12
aetas und *dignitas.*

A 13
§ 9 ..., *ut vinci se consensu civitatis pateretur,* ...
§ 5 (Brutus) ..., *ni caritas rei publicae vinceret.*

A 14/A 15
Collatinus erkennt, daß das Angebot des Brutus (§ 7) in Wirklichkeit eine Drohung ist. Brutus will ihn auf jeden Fall aus Rom vertreiben, läßt ihm aber doch die Wahl eines ehrenhaften Abgangs.

A 16
Intrige, Rufmord.

3 Kapitel 3

A 1
§ 1 Die militärische Auseinandersetzung mit den Tarquiniern.
Komposition (Absetzung der Erzählung von der Einzelszene, Integration in das übergeordnete Thema): Auf das *exemplum* folgt jetzt ein Beispiel einer berechtigten Befürchtung, das in der Ahnungslosigkeit und Sorglosigkeit der Konsuln und des Senats die Falschheit der gegen Collatinus angewandten Methode beweist. Auf die unechte Bedrohung folgt eine wirkliche. Entsprechend einer Technik des Kriminalromans lenkt Livius, nachdem er das Ergebnis vorweggenommen hat *(libertas prope amissa est),* auf das *Wie* der Erzählung.

A 2
2.1 Das römische Volk (hier noch als Ganzes) – die Tarquinier.
dolus – Tarquinii; proditio – populus Romanus.
2.2 *coniuratio* (als Zusammenwirken von *dolus* und *proditio*).

A 3
3.1 Stand – Umgang – Lebenweise. § 2–3
more regio vivere (Vorstellung des Schlechten an sich; Assoziation mit Unterdrükkung der anderen).
3.2 In der Gleichheit des Rechts für alle.
3.3 In der von den *adulescentes* vorgenommenen Verkehrung: *libertas = servitus; regnum = licentia.*
3.4 *desiderium regum* (vgl. Kap. 1,9).

A 5
5.2 Livius hat den Topos aus der rein philosophischen Diskussion herausgelöst. In der Gegenüberstellung zeigt sich eine bis ins Einzelne durchgeführte Struktur: *rex – leges* (antithetisch). Anwendung auf die *vita (conclusio).* In der Verkehrung soll zugleich der wirkliche Wert der *libertas* sichtbar werden, die nach Aussage des ersten Kapitels eine Unterordnung unter die *leges* bedeutet; bewußt ist diese Gegenüberstellung vor die konkrete Gefährdung der libertas im erzählerischen Kontext gesetzt.
5.3 Die Wortbedeutungen zeigen, daß, wie bei den entsprechenden Verben, die Begriffe nicht nur gegenübergestellt werden, sondern zugleich Bewegungsrichtungen impliziert sind:

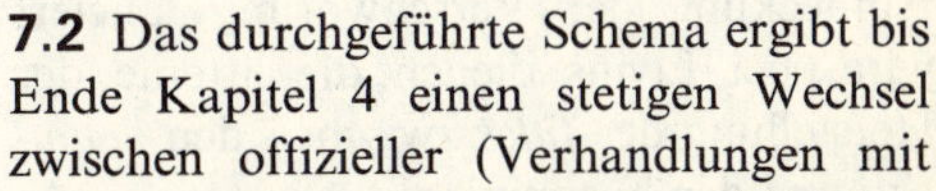

Oberbegriff: Einfluß (einer bzw. bei einer Person bzw. Sache). Die conclusio von § 3: *nocens = tutela; innocens = periculum.*

A 7
7.2 Das durchgeführte Schema ergibt bis Ende Kapitel 4 einen stetigen Wechsel zwischen offizieller (Verhandlungen mit dem Senat) und inoffizieller Tätigkeit (Konspiration mit den *adulescentes*). Parallel dazu verläuft der zunehmende Erfolg der Gesandten und die noch weiter abnehmende Aufmerksamkeit des Senats und der Konsuln. § 5–7
7.3 *temptare animos.*

A 8
Bild der belagerten Stadt.

A 9
9.1 Aufgabe: den König nachts in die Stadt einzulassen.
9.2 Troianisches Pferd.

4 Kapitel 4

A 2
§ 1 **2.2** Brutus; der Konflikt des Brutus als *pater* und *consul* wird damit schon vorbereitet.
Die Darstellung konzentriert sich von vornherein auf den genannten Konflikt.

A 3
§ 2–3 *Interim;* cf. Kap. 3,6.

A 4
4.1 Beide Handlungsstränge werden miteinander verbunden. Es dominiert jetzt der ‚konspirative' Erzählstrang.
4.2 *Interim, mora, spatium sumere, id tempus absumere.*
4.3 Chiasmus: *consultando absumunt*
evincuntque instando
4.4 Die *litterae;* das Wort ist betont in den Finalsatz und damit an das Ende der Periode gerückt.

A 5
vanus metus – vana spes.

A 6
Bei Sallust sind Eid bzw. *litterae* eine List *(dolus)*, die von der staatlichen Seite zur Aufdeckung der Verschwörung lanciert wird, bei Livius dienen die litterae der Herstellung der *fides* zwischen den *coniurati* und den Tarquiniern.

Zu § 4
§ 4 Mit dem zweiten Satz von § 4 greift Livius wieder als Regisseur in die Handlung ein. Die Leseerwartung ginge normalerweise dahin, daß Brutus an der Entdeckung der *litterae* beteiligt ist, der in § 1 vorbereitete Konflikt also unmittelbar bevorsteht. Zugleich wird der Leser gegenüber den erzählten Personen in eine Allwissenheit versetzt. Weiterhin treten die Gesandten wieder aus ihrer dominanten Rolle zurück.

A 8
Haus der Vitellier, am Abend vor der geplanten Abreise der *legati.* § 5–6

A 9
Satzbild §§ 5–6:

Nam cum pridie,
  quam legati ad Tarquinios proficiscerentur,
cenatum forte apud Vitellios esset,
coniuratique ibi
remotis arbitris
multa inter se de novo,
  ut fit,
consilio egissent,
sermonem eorum ex servis unus excepit,
qui iam antea id senserat agi,
sed eam occasionem,
  ut litterae legatis darentur,
    quae deprehensae
    rem coarguere possent,
exspectabat.

Struktur: Symmetrische Anordnung der Periode; ein zweigeteilter Nebensatz ersten Grades geht voran, in dem die *coniurati* Subjekt sind, es folgt der Hauptsatz (Beginn der 2. Hälfte), zentrale Aussage *excepit* für das Belauschen des Gesprächs, es folgt ein zweigeteilter Relativsatz, in dem der *servus,* wie im HS, Subjekt ist. Die Struktur zeigt damit die Oppositionen: Personen: *coniurati – servus,* in den Verbaussagen: konspiratives Handeln – Beobachten, Warten, in den Haltungen: Sorglosigkeit – Gespanntheit. Die Periode kehrt also zugleich die Erzählsituation um: Sorglosigkeit der *legati* und *coniurati* – beginnende Wachsamkeit, wenn auch von unvermuteter Seite, in Rom. Kurzinterpretation: *Exspectabat* als Schlüsselwort steht ganz am Ende der Periode. Die konspirative Aktivität der *legati/coniurati* wird durch einen einfachen Sklaven zunichte gemacht, der geduldig auf der Lauer sitzt und nur darauf wartet, die Verschwörer auf frischer Tat zu ertappen.

A 10.1

Personen	*Vergangenheit*	*Gegenwart*	*Zukunft*
coniurati	cenatum esset egissent		(proficisci)
servus	senserat (id agi) x‹.......› exspectabat	excepit	

Zur Rolle des *servus:* Auffällig ist, daß gerade ein Sklave die Verschwörung aufdeckt. Die Begründung läßt sich in der Exposition (Kap. 3, §§ 4/5) finden. Der Sturz der vornehmen, hochstehenden adulescentes erfolgt durch den einfachen, gar nicht zum *populus* zählenden Sklaven. Wie Brutus befangen ist in seiner *cura libertatis,* so sind es die *adulescentes* in ihrem Standesdünkel.

A 12

litterae = corpus delicti = argumentum.

A 13

Das Prinzip der Rechtsstaatlichkeit.

5 Kapitel 5

A 1

§ 1 **1.1** Abschluß der Verschwörung durch die Bestrafung der *coniurati.*

1.2 Die Sache wird behandelt, als ob sie noch nicht entschieden sei: Umschlag von der rationalen Behandlung des Falls in die emotionale Reaktion.

1.4 Kap. 2, § 1 *necubi desiderium regum esset.* Eid des Volkes.

A 3

§ 1–4 Die topographischen Probleme des Marsfeldes. Dazu kommt das Interesse, sie in einen historisch-narrativen Zusammenhang zu bringen.
Besonderheit dieser Art der Ursachenbestimmung: Ein Phänomen wird durch die Verknüpfung verschiedener Phänomene erklärt; die Kausalität wird nicht stufenweise, sondern statisch auf einer Ebene hergestellt.

A 4

Die Verletzung göttlichen Rechts liegt nicht nur in der Plünderung der *bona regia,* sondern schon in der Vertreibung der Könige selbst. Der Exkurs stellt zugleich den Versuch eines Ausgleichs (Schuld und Sühne) her.

A 5

Textquantität; Schauplatz ohne Akteure § 5–6
(*populus* nur kollektiv). Epische Breite in der Darstellung; auffällige Häufung von Zeitbegriffen.

A 7

Das wesentliche Prinzip dieses Teils der § 7–8
Erzählung ist die Visualisierung von äußeren Vorgängen und inneren Reaktionen. Von Livius wird dies hervorgehoben durch die Bezeichnung *eo conspectius.* Der augenfällige Rollenkonflikt des Brutus *(consul* im Gegensatz zu *pater)* veranschaulicht die in Gegensatz geratenen Prinzipien *(negotium* im Gegensatz zu *animus patrius).* Mit der tragischen Wendung, daß Brutus die Folgen seiner *virtus* persönlich erleiden muß, erhält die Überhöhung seiner Gestalt ihr menschliches Maß zurück.

A 8

Hinrichtung: asyndetische Reihung.
Reaktionen bei spectatores und Brutus: Periodisierung.

A 9

Verdeutlichung der Entrüstung über die unverständliche Handlungsweise. Einschub vor dem letzten Handlungsmoment: Das Auftreten der *consules* als Richter.

A 10

Pater – ganze Gestalt; *vultus* – das Gesicht als Ganzes; *os* – die Mimik, der Ausdruck des Gesichts. Imitation des Sehvorgangs, der vom Allgemeinen zum Einzelnen führt.

A 11

§ 9–10 Die Ableitung dieser *manumissio vindicta* von dem hier beteiligten Sklaven Vindicius wird von Livius selbst als nicht absolut gesichert angesehen. Wichtig ist jedoch die *manumissio* für die Komposition des Kapitels 5, da so der letzte Akt durch zwei aitiologische Exkurse eingerahmt wird. Zugleich wird im Gesamtzusammenhang der Kapitel 1–5 der Bereich der *libertas* erweitert: Einsatz für die *libertas* = Belohnung auch für einen Sklaven = *manumissio*. *Libertas* = *civitas*.

6 Kapitel 6

A 1

§ 5 *ad repetendum regnum*. Nachdem der diplomatische Versuch gescheitert ist, folgt nun der militärische.

A 2

Die Nennung der Anführer und ihrer Heeresabteilungen entspricht der tatsächlichen Entwicklung des Kampfes:
Valerius Brutus Arruns Tarquinius

A 3

Ähnlich wie in Kapitel 5 durch die Visualisierung, hier mit einer Art Teletechnik. § 7

A 4

Der Ton der Rede läßt einen harten, unerbittlichen Kampf im Großen erwarten, wie er im Kleinen anschließend in dem Zweikampf beschrieben wird.

A 5

Aufeinandertreffen, Kampf, Ende wird in einer Periode beschrieben. § 8–9

A 8

Das Geschehen wird mehr aus der Vogelperspektive betrachtet, unterbrochen nur durch die kurze Nahaufnahme des Zweikampfes. Der Schluß des Kampfes ist aus weiterer Distanz gesehen, aus der gerade noch die Truppenteile im ganzen *(cornua)* unterschieden werden können. § 10

Buch II, Kap. 9–15

Disposition in Akten, Szenen und Bildern

Akt	*Ort / Zeit / Personen / Geschehen*	*Textabschnitt*
0.1	Clusium / Tarquinier + Porsenna / Überredung Porsennas Ortswechsel: Marsch auf Rom	9, 1-4
0.2	Rom / senatus + plebs / terror, Sozialreformen	9, 5–8
1.1	Rom, pons sublicius / Horatius Cocles / militär. Situation	10, 1–2
1.2	Brückenposten am röm. Ufer / Cocles, turba suorum, (hostes) / Umwandlung der Panik in zielgerichtete Aktivität	10, 3–4
1.3.1	(Ortswechsel) Brückenkopf / Cocles, (hostes) / miraculum audaciae (erste Retardation)	10, 5
1.3.2	Brückenkopf / Cocles, Larcius, Herminius, hostes / erste Phase des Kampfes	10, 6–7
1.3.3	Brückenkopf / Cocles + proceres Etruscorum / provocatio (zweite Retardation)	10, 8
1.3.4	Brücke / Cocles + hostes / zweite Phase des Kampfes	10, 9–10
1.3.5	(Ortswechsel) Brücke – Tiber – röm. Ufer / Cocles / Gebet und Rettung	10, 11
1.4	Rom / Cocles + cives / honores publici, studia privata	10, 12–13
2.1	außerhalb Roms / Porsenna, Etrusker / Belagerung, Plünderung	11, 1–3
2.2	innerhalb Roms / Valerius consul / Gegenmaßnahmen	11, 4–6
2.3	östl. Vorland Roms / Römer + Etrusker / erfolgreiche Operation des Valerius gegen die Plünderer	11, 7–10
3	Situation innerhalb und außerhalb Roms	12, 1
3.1	Rom / C. Mucius, senatus / Vorbereitung der Einzelaktion gegen Porsenna (Motiv, erster Impuls, Absicherung)	12, 2–5
3.2.1	(Ortswechsel) Lager Porsennas, tribunal regis / Mucius, scriba (rex, milites) / Durchführung des Anschlags (Unsicherheit, fortuna, Irrtum)	12, 6–7
3.2.2	Lager, tribunal / Mucius, satellites, (rex) / Fluchtversuch, Gefangennahme, Konfrontation mit Porsenna	12, 8
3.3.1	tribunal / Mucius / 1. Rede: Selbstdarstellung und erneute (verbale) Bedrohung des Königs	12, 9–11
3.3.2	tribunal / Porsenna / erste Reaktion: Versuch der Einschüchterung durch Folter	12, 12
3.3.3	foculus / Mucius / 2. Rede, Selbstverstümmelung	12, 13
3.3.4	sedes / Porsenna / zweite Reaktion: Anerkennung	12, 13–14
3.3.5	ibidem / Mucius / 3. Rede: (angebl.) Verschwörung der adligen Jugend Roms gegen Porsennas Leben	12, 15–16
3.4.1	(Ortswechsel) Rom / Gesandte des Porsenna, (Senat) / Friedensverhandlungen, Abzug Porsennas	13, 1–4
3.4.2	Rom / Senat, Mucius / Ehrung des Mucius (Mucia prata)	13, 5
4.1	(Ortswechsel) Lager Porsennas / Cloelia, (obsides, custodes) / Flucht der Geiseln nach Rom	13, 6

4.2	Lager / Porsenna, oratores / 1. und 2. Botschaft Porsennas nach Rom	13, 7–8
4.3	Lager / Porsenna + Cloelia, obsides / Rückkehr der Geiseln, Anerkennung Cloelias durch Porsenna, Freilassung eines Teils der Geiseln	13, 9–10
4.4	Rom / cives, (Cloelia) / Ehrung der Cloelia (statua equestris)	13, 11
	Exkurs:	
	a) Rom / bona Porsennae regis (Aitiologie)	14, 1–4
	b) Arricia (Albanus mons) / Arruns (filius Porsennae), Heer der Etrusker + Latiner, Griechen / vernichtende Niederlage der Etrusker durch Griechen von Cumae	14, 5–7
	c) Rom / Römer + Etrusker / Ansiedlung der versprengten Etrusker im vicus Tuscus (Aitiologie)	14, 8–9
5.1	Rom / Gesandte des Porsenna + Senat / Gesandtschaft des Porsenna in Rom, Gegengesandtschaft	15, 1
5.2.1	Clusium / legati (patres) + Porsenna / Rede der röm. Ges.	15, 2–4
5.2.2	Clusium / Porsenna + legati / Antwort Porsennas, Rückgabe der Geiseln und des Gebietsanteils von Veii	15, 5–6
5.3	Friedensschluß; Abzug des Tarquinius nach Tusculum	15, 7

9 Kapitel 9

A 1.2

§ 1 Amtswechsel der Konsuln; annalistisches Prinzip der Darstellung.

A 2.2

Das Konzept der Überredung (*miscendo consilium precesque* – aus Bittstellern werden Ratgeber) realisiert sich im Aufbau des Satzes: *consilium – preces / orabant – monebant:* chiastische Verknüpfung zweier gegensätzlicher Rollen als Satzstruktur; Parallelismen: *nunc orabant / nunc monebant:* Gleichzeitigkeit und Entsprechung (Anapher) der beiden Arten der Beeinflussung;
ne ... pateretur / ne ... sineret: Gleichartigkeit der beschwörenden Geste;
oriundos (a) *ex Etruscis* (b) / *eiusdem sanguinis* (a) *nominisque* (b): Gleichartigkeit des Appells in der zweiteiligen Apposition.

A 3

§ 3 *regna reges:* das Wortspiel im Plural beschwört die Gemeinsamkeit des Systems; *defendant:* ideologische Verschleierung des Angriffs.
fore; adesse: eine zukünftige Bedrohung wird zur aktuellen Katastrophe.

A 4

Aufwertung ihrer Rolle von Bittstellern zu Ratgebern; § 1–4
Appell an Bindungen und Wertvorstellungen *(eiusdem sanguinis nom.);*
Verallgemeinerung eines Einzelvorgangs zu genereller Bedrohung des Systems *(oriens mos pellendi reges);*
Sentenz anstelle ursächlicher Analyse (*satis ... dulcedinis:* ‚schon die freiheitliche Ordnung für sich sei Verlockung genug‘, d.h. eines zusätzlichen Anlasses bedarf es nicht – dieser komplementäre Teil der Aussage, der die Schuld des Tarquinius als Ursache aufdecken müßte, entfällt bzw. wird von vornherein abgewehrt); Einbeziehung des Adressaten in die eigene Interessenslage *(regna reges);*

religiöse Begründung der hierarchischen Ordnung *(summa – infima)* statt *populus; libertas = aequari, nihil excelsum, nihil quod emineat* = Nivellierung der Unterschiede; *rei inter deos pulcherrimae* = Königsherrschaft als gottgewollte Ordnung.
Porsenna ratus (est)
a) *amplum (esse) Tuscis* vgl. *rei pulcherrimae* (§ 4)
b) *cum Romae esse regem* vgl. *regna reges defendant* (§ 3)
c) *tum Etruscae gentis regem* vgl. *eiusdem sanguinis nominisque* (§ 1).

A 5

Motivierung von Porsennas Feldzug gegen Rom; Charakterisierung der Tarquinier; Modell politischer Argumentation.

A 6

§ 5 *alias ante tantus terror:* den Schrecken malende Alliterationen;
hostes – timebant – cives / suosmet – ipsi – cives: die Sperrungen lassen die Senatoren sichtbar zwischen den Fronten in Bedrängnis geraten.

A 7.2

§ 6 Die politischen Veränderungen waren nicht von sozialen Reformen begleitet. Für die breite Masse hat sich die Lage kaum geändert, so daß *libertas* von ihr nicht als Wert erfahren wird. Die Sicherung des Jahresbedarfs an landwirtschaftlichen Produkten durch Handelsbeziehungen ist nicht gewährleistet. Es gibt Teuerungen lebenswichtiger Produkte auf dem freien Markt. Das kleine Gewerbe ist durch Zölle und Steuern stark belastet. Besondere wirtschaftliche Unsicherheit herrscht bei kinderreichen Familien der *plebs.*

A 8

§ 7 *terror* – (trans.) Schrecken, vgl. *terrere* und Komposita
timere – Angst haben (aus Schwäche), feige sein
metus – (berechtigte) Befürchtung, Besorgnis
horrere – entsetzt zurückweisen (trans.)
(vgl. außerdem zum gleichen Wortfeld 10, 6/9 *pudor* – Scheu vor der Verletzung einer Norm, Ehrgefühl; 10, 10 *pavor subitus* – Angstschrei beim Einsturz der Brücke)

A 9

nec – quisquam (a) – *unus* (b) – *malis artibus* (c) – *postea* (d) – *tam* (e) – ***popularis*** *esset – quam* (e) – *tum* (d) – *bene imperando* (c) – *universus* (b) – *senatus* (a) – *fuit.* § 8
Die einzelnen Oppositionen des zeitübergreifenden Vergleichs sind in chiastischer Anordnung spiegelbildlich um den Vergleichspunkt *(popularis)* als Achse zur Deckung gebracht, um die Verzerrung der jüngsten Vergangenheit gegenüber dem alten *exemplum* in jedem Punkt spürbar zu machen. Dabei schillert der Begriff *popularis* unter dem Einfluß beider Teile des Kontextes: a) negative Assoziationen des zum parteipolitischen Schlagwort verkümmerten Begriffs aus dem letzten Jh. der Republik; b) im Lichte des zweiten Teils steht *popularis* – wie häufig bei Livius – der weiteren, positiv besetzten Bedeutung (volkstümlich) nahe.

A 10

Zwei Erzählstränge mit verschiedenen Akteuren (a Tarquinier/Porsenna, b *patres/plebs*) an verschiedenen Orten (a Clusium, b Rom), verknüpft durch das plötzliche Erscheinen des feindlichen Heeres vor Rom (9, 4). (Sie werden im Einleitungssatz des folgenden Kapitels zusammengeführt.)
Phasen des Geschehens / Komponenten der Darstellung:
Ausgangssituation:
a) Tarquinier bei Porsenna –
b) Schrecken in Rom
Triebkräfte der Entwicklung:
a) Verhandlungen mit Porsenna –
b) Zugeständnisse des Senats *(bland.)*
verändernde Vorgänge:

a) Porsennas militärisches Engagement –
b) Sozialreformen in Rom
neue Verhältnisse:
a) etruskisches Heer vor Rom –
b) innere Konsolidierung in Rom *(concordia)*.

10 Kapitel 10

A 1

§ 1 Der Temporalsatz bringt die feindliche Bewegung (9, 4) zu einem vorläufigen Abschluß; der erste Hauptsatz greift den Zusammenschluß der Bürger *(concordem civitatem)*, der zweite ihren Verteidigungswillen auf (*horrerent regium nomen,* § 7).

A 2

§ 2 Überraschende *attractio generis* (Horatius Cocles; i–d) und kühne Metapher *(munimentum)* am Satzanfang: das Bollwerk steht schützend vor der Stadt *(urbs)*. Sinndeutung durch die Metapher: Die Abwehrkraft des Gemeinwesens liegt nicht in den strategischen Gegebenheiten, sondern in der Entschlossenheit seiner Menschen.

A 3.1

§ 3–4 Die syntaktische Analyse des Satzes läßt sich direkt in die Interpretation überführen; auf diese Weise wird Schwierigkeit als kunst- und absichtsvolle Verdichtung erfahrbar: Im Temporalsatz *erlebt* der Leser/Hörer die auslösenden Vorgänge aus dem Blickpunkt des Cocles *(positus in statione)*; das Prädikat *(vidisset)* zwischen den beiden Infinitiv-Konstruktionen markiert den Wechsel der Blickrichtung *(hostes – turba suorum)*. Wortwahl und Wortstellung veranschaulichen Überraschung und Verwirrung: *repentino impetu;* Prädikativa *(captum, citatos)* vorangestellt und durch Sperrung hervorgehoben; *currere; trepida* (Zittern) *turba* (Verwirrung) *arma ordinesque* (Hendiadyoin für die kopflose Flucht).

Von den drei Partizipia sind das 2. und 3. dem ersten explikativ untergeordnet: *reprehensans singulos* – Grundbedeutung mit iterat. Suffix; *obsistens* – körperlicher Einsatz, *obtestans* – moralischer Appell an die *fides* gegenüber den Bindungen der Gemeinschaft. *testabatur* (Aspekt!): Das Prädikat des HS ist tragender Pfeiler der komplexen Konstruktion, die das vielfältige Geschehen weniger Augenblicke zur Einheit der Entscheidungssituation bindet.

A 3.2

Ausgangssituation: *trepidam turbam arma ordinesque relinquere* (Panik)
Widerstand: *reprehensans*
mit physischen Mitteln: *obsistens*
mit moralischen Mitteln: *obtestansque*
rationale Einwirkung: *testabatur*
Anleitung zum Handeln: *monere, praedicere*
Impuls durch eigenes Beispiel: *se ... excepturum*

A 4

inter conspecta – cedentium pugna – terga (Hintergrund) § 5
obversis comminus – ad ineundum proelium – armis (Vordergrund):
Durch Sperrung schließt in beiden Wendungen die sichtbare Geste die ausgedrückte Haltung ein (vgl. § 8 *truces – minaciter – oculos*). Wahrnehmung (*insignis* – kenntlich aus dem Blickpunkt der Feinde) und Haltung *(audacia)* zeigen beim Gegner Wirkung *(obstupefecit)*.

A 5

pud-or: Abstraktion/Phänomen im Unterschied zu *pudicitia* als Haltung; § 6
Scheu/soziale Hemmung im Unterschied zu Ängstlichkeit *(timor)* und zutreffender Einschätzung von Gefahr *(metus);*
Bezugspunkte: Zurückbleiben hinter der *audacia* des Cocles = Ehrgefühl/Selbstachtung,
Verletzung der *fides,* an die Cocles appelliert hatte (9, 3), Scheu vor sozialer Mißbilligung (Opposition *audacia – ignavia*).

Mit diesem Begriff tritt neben irrationale *(trepida turba)* und rationale *(testabatur)* Impulse ein sozialethischer Handlungsantrieb als dritter Bereich, aus dem Verhalten und Handlungen motiviert werden.

A 6.1

§ 7 Im ersten Teil untermalen die alliterierenden Exposivlaute (**p**) die Metapher vom entfesselten Sturm *(procella, tumultuosissimum pugnae)*; im zweiten Teil ist das drängende ‚Zurück!' vom röm. Ufer in der dreifachen Wiederkehr des Präfixes unüberhörbar.

A 6.2

Der Hauptakteur steht in der beherrschenden Position des Subjekts; die Nebenrollen (Adverbialia) bleiben, zumal in der Konstruktion des abl. abs *(revocantibus)* im Hintergrund (vgl. Aktanten und Circumstanten im Syntax-Modell Tesnières).

A 6.3

a) Cocles zeigt Verantwortungsgefühl für das Leben seiner Helfer; das Risiko des Vorkämpfers war seine persönliche Entscheidung.
b) Der Vordergrund der Szene muß für die ‚Aristie' des Helden frei werden.

A 7

§ 8 *servitia regum – libertas,* vgl. 9, 2 *libertas* und 9, 5 *servitus.*

A 8

§ 9 *cunctati sunt,* vgl. § 5 *obstupefecit hostes:* psycholog. Phänomen
circumferens truces – minaciter – oculos; alius alium – ut proelium incipiant – circumspectant: vgl. die beiden Sperrungen in § 5 *(conspecta ... armis)* mit gleicher Funktion; Wiederaufnahme des *pudor*-Motivs aus § 6.

A 9.1

§ 10 Zur Deutung der drei Sperrungen als abbildende Wortstellung:
undique ... tela: Der Geschoßhagel hüllt den Kämpfer ein;
in obiecto ... scuto: Die Geschosse haften gebündelt im Schild;
ingenti ... gradu: Die gespreizte Beinstellung überspannt sichtbar die ganze Breite der Brücke.

A 9.2

Assonanz als Klangfigur: *fragor* – das Geräusch des Berstens, *clamor* – Jubel bei den Römern, *pavor* – Schreckensruf der Feinde.

A 10

Das Gebet gilt nicht dem Überleben des **§ 11.1**
Individuums *(me)*, sondern der Erhaltung des Verteidigers der patria *(miles)* und der dazu erforderlichen, kostbaren Ausrüstung *(arma)*.

A 11.1

rem ... fidei: Diese Durchbrechung der Er- **§ 11.2**
zählebene durch die kritische Bemerkung des Autors kann zum Anstoß für drei didaktische bedeutsame Fragen werden:
1. Wie steht es mit den Quellen des Livius für die Frühzeit?
Vorschlag zur Behandlung (Schülerreferate):
a) Selbstzeugnis des Livius (VI 1, 1–2) zur Quellenlage der 1. Dek.
b) P.G. Walsh, *Sachliche Vorzüge und Mängel des Livian. Werkes,* in E. Burck (Hrsg.), *Wege zu Livius,* WdF 132, Darmstadt 1967, S.249–257.
2. Weshalb verwendet der Autor solche Kunst auf die Erzählung von ‚Geschichts-Märchen'?
Vorschlag: Schülerreferat über die Darstellungsabsichten des Autors anhand der §§ 5–9.1 aus der *praefatio.*
3. Zu welchem Zweck lesen *wir* solche Geschichtssagen aus den frühen Büchern?
Horizont der Erörterung:
Wir lesen sie nicht als histor. Quelle oder zum Zweck voraussetzungsreicher Quel-

lenkritik, sondern als direkten Zugang a) zu den Intentionen des Autors, b) zum thematischen Anliegen der Unterrichtseinheit und c) zum literarischen Rang einer in der europäischen Geistesgeschichte wirkungsmächtigen Gattung.

a) Selbstverständnis eines Volkes und seiner Geschichte aus den rationalen und irrationalen, politischen, sozialen und ethischen Antrieben seiner Menschen;

b) Grundzüge der römischen Auffassung von Geschichtsschreibung als einer lehrhaften Deutung des Geschehens in Gestalt des sprachlichen Kunstwerkes;

c) kunstvoll verdichtete, überschaubare Einzelbilder mit symbolhaften Gestalten, deren Aussagekraft in verschiedenen Zusammenhängen und Ausprägungen wirksam geworden ist (vgl. z.B. Petrarca, *de viris illustribus,* Prohemium; Macchiavelli, *Discorsi sopra la prima Deca di Tito Livio* (1531).

A 11.2

Das Ende des Kapitels zeigt den Zusammenhang der Argumentation: In der Erziehung zur römischen Lebensordnung haben *patria* und *gloria* einen höheren Rang als das individuelle Gut des physischen Überlebens. Das Opfer des Cocles wird zum *exemplum* für diese Rangordnung der obersten Güter. (Bezeichnenderweise fehlt das *libertas*-Motiv des Livius.) Angesichts dieser Version der Erzählung wird die Funktion des Gebetes als einziger *oratio recta* bei Livius deutlich: Das Wunder der Rettung wird durch göttliche Hilfe möglich. Dieser Ausgang erlaubt dem Autor nicht nur die Anfügung der Aitiologie *(statua, ager),* sondern die Darstellung des Wirkungszusammenhangs zwischen *virtus* und *honos:*

A 12

§12–13 *fides, audacia, pudor* und *pietas* (Gebet) sind Aspekte der *virtus,* die ihre besondere politische Motivation in der *libertas* findet; vgl. E. Burck, *Die Erzählungskunst des Livius,* Berlin 1934, S.56:

‚So enthüllt Livius Stufe für Stufe die *virtus* dieses Römers, nicht in direkter Charakteristik, sondern indirekt so, daß der Leser die *fides, constantia, audacia* und *pietas* des Helden erschließen und seine *virtus* in ihre seelischen Komponenten zerlegen soll.'

Diesem existenziellen Einsatz für die Gemeinschaft und ihre Werte entspricht die *gratia* des Kollektivs in Gestalt von *honores publici* und *studia privata.* Die exemplarische Wirkung dieses Vorgangs soll erneut *virtus* mit dem Motiv der *gloria* (vgl. Scaevola Kap. 12, 13) sowie *pudor* als Hemmung, hinter dieser Norm zurückzubleiben *(infamia),* erzeugen.

A 13.1

§ 1 *isque monoculus ... amisisset* (vgl. Plut., *Publicola* 16, 7)

§ 2 *nisi quod ... claudus* (vgl. Plut., *Publicola* 16, 8 Ende)

§ 3 *Quod ... mei.*

Während die Erzählung (§ 1–2) bei Petrarca auf $^1/_4$ des Umfangs verkürzt ist, entspricht § 4 ziemlich genau dem Schluß des Livius, d.h. der Funktionszusammenhang von *virtus* und *honos* hat für beide Autoren gleiche Bedeutung.

A 13.2

§ 2 (Sentenz): Bedeutung der Abwehrbereitschaft *(munimentum)*

§ 3–4: Bewältigung der Panik *(fides, exemplum)*

§ 6–7: Wirkung des *exemplum (pudor,* Verantwortungsgefühl)

§ 8: Motiv der *libertas* in der *provocatio.*

Die Verfälschung durch Reduktion beruht demnach auf der Eliminierung gerade der sozialethischen und politischen Motivationen für das Verhalten des Cocles, d.h. der wichtigsten Intentionen des Livius.

A 14.1

a) Geschehen auf der Brücke = Livius § 9–10,
b) Geschehen neben und unter der Brücke = Livius § 11–12.

Die Darstellung folgt offenbar der Version der Verwundung (Dionysios v. Hal. und Plut.), denn ein Speer durchdringt den Oberschenkel des Reiters im Wasser.

Auch die Dreiergruppe am rechten Flußufer scheint der Version des Plutarch (*Publicola* 16, 9) zu entsprechen: Dort würdigt der Konsul selbst die Leistung des Cocles und regt die Ehrengeschenke an; hier deuten die *lati clavi* auf Senatoren sowie Ausrüstung und Mantel des dritten Mannes auf den Konsul als *imperator*.

A 14.2

Cocles: Ritterrüstung, Pferd, kein Schild, Rückkehr zu Pferde;
pons sublicius: Steinbrücke;
urbs: mittelalterliche Stadt, Unstimmigkeit der Landschaft im Hintergrund;
Helfer des Cocles: unbewaffnete Knechte ohne Panzer, einer von ihnen arbeitet auf der falschen Seite (kein Rückweg).

A 15

Diese zusammenfassende, wenn auch vorläufige und ergänzungsbedürftige Ordnung der Aspekte und der Kategorien auf den verschiedenen Ausdrucksebenen des Textes ist eine wichtige Lernvoraussetzung für ihre selbständige Anwendung im weiteren Verlauf der Lektüre.

A

a) Tempuswechsel, Aspekte der Präterita;
b) Aufbau und Komplexität als Strukturierung der Wirklichkeit, Verteilung der Akteure auf die Satzglieder (dramaturg. Funktion), Hintergrund/Vordergrund;
c) semantische Strukturen (bes. Synonymie und Opposition), übertragene Wortverwendung (Metaphern);
d) Chiasmus als Kontrast und Spiegelung, Parallelismus für analoge Sachverhalte, Hyperbaton als abbildende Wortstellung, Voranstellung von Prädikativen sowie Tonstellen im Satz für Schlüsselwörter;
e) malende Alliterationen sowie Assonanz;

B

a) dir. und indir. Rede als Motivierung aus der Innenperspektive, zeitübergreifender Vergleich zur Wertung aus der Sicht des Autors;
b) Reden, Gedanken, Empfindungen, Verhalten;
c) vier Phasen des Geschehens als Komponenten der Darstellung;
d) Disposition der Akteure, irrationale Faktoren (Angst), rationale Faktoren (Interessen, Überredung, materieller Anreiz), sozialethische Antriebe *(virtus – gloria – honos);*
e) annalistische Anordnung des Stoffes, Komposition erzählerischer Einheiten (Porsenna) mit Einzelbildern (Cocles ...), Gliederung in einzelne Szenen und Phasen des Geschehens;
f) Ausgestaltung einzelner Komponenten der Darstellung zu Verhaltensmodellen (z. B. Argumentationsweisen, Interessenausgleich, Bewältigung einer Panik-Situation, tätige Bewährung sozialer Normen).

Kapitel 11

11

Nach der intensiven Texterschließung von Kap. 9/10 empfiehlt sich eine Entspannung durch kursorische Lektüre.

Aufgabe 1 und 2 sind als effektive Formen zur Kontrolle des Textverständnisses alternativ zur Nachübersetzung gedacht.

A 3

Ausgewogene Dreiteiligkeit (selbst in der Nennung der Hauptakteure *Valerius* § 4/7/8 und *Etrusci* § 4/9/10):

§ 1–3: Belagerung und Plünderung als neue Strategie Porsennas;
§ 4–6: Plan des Konsuls Valerius Publicola zur Unterbindung der Plünderungen;
§ 7–9: erfolgreiche Durchführung des Planes (§ 10 Ergebnis).

A 4

Die Entlastung des Kapitels von Aufgaben zur Texterschließung bietet eine Möglichkeit zur lernwirksamen Strukturierung des Bereichswortschatzes anhand des Kontextes (Kap. 10/11) sowie zur Wiederholung der Nominalformen des Verbums (Kap. 11 A 5):

Sachfeld ‚pugna'

1. Angriff:
urbem oppugnare
repentino impetu capere
(Ianiculum)
proelium inire/incipere
aciem commovere
clamorem tollere
tela in hostem conicere
virum impetu detrudere

2. Belagerung
praesidium locare
urbem obsidere-obsidio
castra ponere
naves accire
milites flumen traicere

3. Plünderung
praedari-praedator
agrum infestum reddere

4. Truppenverbände:
copiae, manipulus militum,
expedita iuventus,
cohortes delectae

5. Verteidigung:
hostem conatu repellere
se obicere/corpore obsistere
impetum excipere/procellam sustinere
arma obvertere/scutum obicere
occultum considere
ex insidiis concurrere
pontem obtinere
pontem (inter-) rumpere/rescindere
statio pontis/custodia
munimentum/praesidium
urbem praesidiis saepire

6. Flucht:
fugere-fuga, transfugere-transfuga
trepida turba
arma ordinesque relinquere/
(pontem) a tergo relinquere
pugnā cedere/in tutum cedere
praesidium deserere

7. (Begriffe):
virtus/audacia
ultor/vindex

Hinweis: Wegen der Überlagerung von Strukturen innerhalb eines semantischen Feldes sind auch andere Zuordnungen möglich; sie sollten möglichst von den Schülern gefunden und durchgeführt werden. Im vorliegenden Fall könnte man etwa der Opposition Angriff – Verteidigung den Gegensatz Verteidigung – Flucht vorziehen. Ein solches aus dem Text entwickeltes Sachfeld läßt sich dann aus dem entsprechenden Kapitel des Aufbauwortschatzes (Klett, Nr. 57) ergänzen, wobei sich folgende überschaubaren, assoziationsintensiven und reproduzierbaren Teilbereiche ergeben können: Kampf; Vorbereitung – Angriff – Abwehr – Verwundung – Überwindung – Flucht – Plünderung/Zerstörung – Abschluß; Heerwesen: Einheiten – Ränge und Funktionen – Bewaffnung – Verhaltensnormen u. a.

A 5

part. coni.	*ablativus absol.*
repulsus	consiliis versis
neglegens	praesidio locato
effusos	navibus accitis
expeditas	versis Etruscis
delectas	saeptis viis

Gerundivum	*Gerundium*
ab oppugnada urbe	adoriundi
ad obsidendam	evagandi

12 Kapitel 12

A 1.1–3

§ 1–3 Motiv ist die *dignitas populi Romani,* durch Anakoluth und Wiederaufnahme hervorgehoben; ihr Bezugspunkt ist die *libertas.*

Der Inhalt des *indignum* wird durch einen doppelten AcI erläutert, dessen Glieder in einem inneren Chiasmus der Wortfolge und einem äußeren der Nebensätze einander zugeordnet sind. Funktion: Spiegelbild als Zerrbild, ‚Unangemessenheit' der Entsprechungen ist sprachlicher Ausdruck des *indignum* (vgl. Kap. 9, 8), Heraushebung der Schlüsselbegriffe *(servientem – liberum)* durch bezogene Wortstellung.

Kontrollfrage: Hätte Mucius *sub regibus* ebenso handeln müssen?

A 1.4

Z 1: direkte Charakterisierung *(animosus),* individuelle Disposition: Draufgänger ohne Motiv;

Z 2: direkte Charakterisierung *(animosus),* Motiv: *obsidio indigna* (ohne das entscheidende Kriterium der *libertas*), *facinus praeclarum* (Ruhm), *obesse* (Schaden): ehrgeiziger Einzelkämpfer mit militärischem, nicht politischem Motiv;

Z 3: *magno ... ratus* – indirekte Charakterisierung durch Reflexion, *facinus audax* (Ruhm), *urbem liberandam* (militär. Zweck): Mut, patriotische Gesinnung mit militärischem Ziel.

Auswertung:

Verfälschung durch Reduktion als eine (mögliche) Erscheinung der Rezeption haben wir bereits bei Petrarcas Fassung der Cocles-Erzählung beobachtet; bei den gekürzten und erleichterten Schulversionen läßt sich das Phänomen am Motiv als entscheidendem Detail, von dem Verständnis, Deutung und Beurteilung einer Handlung abhängen, gleichsam unter der Lupe beschreiben. Der didaktische Vorzug des Experiments besteht darin, daß den Bearbeitern die Absicht einer Verfälschung nicht unterstellt werden kann. So läßt sich die Erkenntnis zu einer kritischen Haltung gegenüber jeder Art von Geschehensdarstellung weiterführen:

Faktisches ist unterschiedlich deutbar und wird verschieden wahrgenommen; andererseits wird es erst durch Deutung (Motive, Ursachen, Ziele, Einstellungen, Zusammenhänge) verstehbar. Diese Bedingungen schließen Objektivität der Darstellung – zumal bei einer Geschichtsschreibung, die in ihrer auktorialen Erzählweise die Motivation aus der Innenperspektive bevorzugt – von vorn herein aus und erfordern kritische Distanz des Lesers. Unter den verschiedenen Möglichkeiten der Manipulation von Informationen (z. B. einseitige Auswahl, besondere Gewichtung, sprachliche Veränderung, Erweiterung und Deutung) ist die Reduktion besonders kritisch zu beachten.

A 3.1

Abwehr von Mißverständnissen: keine Einzelaktion auf gleicher Ebene *(praedo),* keine bloße Vergeltungsmaßnahme *(in vicem ultor)* wie Kapitel 11. § 5

Vermutungen zur Formulierung seines Vorhabens: a) Er kann seine Möglichkeiten im entruskischen Lager selbst noch nicht einschätzen.

b) Der Senat soll für das Attentat nicht mitverantwortlich werden.

c) Der Autor will den Verlauf des Geschehens nicht vorwegnehmen.

A 3.2

Die Faktoren des Handlungs-Konzeptes:

Motiv: *eam indignitatem vindicandam ratus*

erster Impuls: *primo sua sponte penetrare constituit*

Reflexion: *dein metuens, ne retraheretur*

Absicherung gegen irrationale Faktoren: *forte – fortuna*

Sicherheitsmaßnahme: *senatum adit, inquit*
Vorbereitung: *abdito ferro*
Aufbruch: *proficiscitur – venit – constitit*

A 4

§ 6 Man kann den Weg des Mucius über den Tiber und durch die feindlichen Linien mit seinen Gefährdungen nach Art eines historischen Romans von einzelnen Schülern ausmalen lassen, um die Lücke sichtbar zu machen. Selbst funktionale Details wie etruskische Kleidung und Kenntnis der Sprache – sie finden sich in der Parallelüberlieferung und könnten das Merkmal der Absicherung verstärken – sind ausgespart, um die erste Phase der Erzählung (§ 2–7) über den Szenenwechsel hinweg überschaubar und das verbindende Motiv von Absicherung und Gefährdung *(metuens – forte; timens – fortuna)* wirksam zu machen. Schwerpunkt der Darstellung sind neben der ausführlichen Motivierung (§ 2) die durch die Situation bewirkten seelischen Abläufe (§ 4/7), wie die kunstvolle Satzstruktur ausweist. Demgegenüber wirken die beiden kurzen Sätze, die den Szenenwechsel vollziehen, als accelerando (vgl. dasselbe Phänomen Kap. 10, 4 Ende: *Romam infesto exercitu venit*). So bilden Aussparungen und Kürze gegenüber Breite und Komplexität der Darstellung ein komplementäres Prinzip der Akzentuierung.

A 5

§ 7 Die Ausgangssituation im vorhergehenden Satz scheint günstig: (Adverbialia) *in confertissima turba prope regium tribunal* – Mucius ist im Schutz der Menge seinem Ziel nahe. Doch dann verwirrt der rasche Wechsel der Blickpunkte, die sich verselbständigen (Subjekte: *stipendium, scriba, milites*), während wir Mucius aus den Augen verlieren. Als er wieder auftaucht, ist er unsicher in der Aporie von Unkenntnis und Unerkanntbleibenwollen (zu *timens* gegenüber *metuens* § 4 als planvoller Absicherung vgl. die Differenzierung der Nachbarbegriffe anhand von Kap. 9, 5). Sein Zögern (der gedankliche Ablauf der drei Nebensätze) gibt der *fortuna* (durch die Wucht der zweifachen Alliteration unüberhörbar) Raum, die rasche Flucht in die Tat als Ende einer langen Vorbereitung fehlzulenken.

Der Schreiber steht als Subjekt/Objekt *(scriba – eum – scribam)* im Blickpunkt; er zieht die Wahrnehmung des Mucius (und des Lesers) förmlich an, während der König im Adverbiale *(cum rege/pro rege)* ‚Statist' bleibt. (Man kann diese dramaturgische Funktion der Syntax durch den Arbeitsauftrag verdeutlichen, solche Sätze in ein Drehbuch mit einzelnen Kamera-Einstellungen umzuschreiben.)

Die Ergänzung des Handlungsschemas schließlich bringt die Bedeutung des Irrationalen für das Geschehen zur Anschauung:

günstige Ausgangsposition: *in turba prope tribunal constitit*
Zufall: *forte stipendium daretur, scriba cum rege sendens*
Unsicherheit aus Unkenntnis: *timens – ignorando*
Willkür der Tyche: ***t**emere **t**raxit **f**ortuna **f**acinus*
verfehlte Tat: *scribam obtruncat.*

A 6

vadentem – intransitiv – Rückzug (Mucius Objekt); *fecerat* – seine Aktivität gehört der Vergangenheit an; § 8
comprehensum – Mucius gerät ins Passiv;
retraxissent – aktive Rolle der *satellites* (Subjekt);
ante tribunal regis destitutus: vgl. *prope regium tribunal constitit* – die Diskrepanz der Diathese am selben Ort macht die Umkehrung von Initiative und Bedrohung handgreiflich;
metuendus magis quam metuens – der passive Aspekt der Form tritt hinter dem

neuen Impuls (Nezessität) zurück; die Wirkung des Oxymorons beruht wiederum auf dem Wechsel der Diathese *(metuendus – metuens)*.
inquit – Mucius hat eine neue Form der Aktivität, die Waffe des Wortes, gewonnen, welche aus aussichtsloser Lage die entscheidende Wende bringen wird. Als Subjekt beherrscht er erneut die Situation; diese gegenüber dem NS verändernde syntaktische Rolle war bereits mit den drei Subjekts-Prädikativa *(destitutus – metuendus – metuens)* angebahnt worden.

A 7

§ 9 *Romanus ... vocant:* Das Individuum tritt zurück; M. will als Repräsentant *(Romanus)* und freier Bürger (*civis* gesperrt in Tonstelle) verstanden werden.
hostis hostem: Prädikativum in Spitzenstellung verstärkt Polyptoton und symbolisiert Konfrontation;
mortem – caedem; facere – pati: Pathos durch Antithese in chiastischer Wortfolge;
Romanum: nicht individuelle Haltung, sondern Wesenszug des Kollektivs.

§ 10 Funktionen der Sperrungen:
unus – in te – ego: M. nimmt Porsenna ‚in den Griff';
longus – post me – ordo: Glied einer langen Kette;
idem – petentium – decus: die *iuvenes* stehen im Bann dieses Ehrgeizes;
si iuvat: ironische Überlegenheit;
capite dimices tuo: Umkehrung der Situation *(inter tantas fortunae minas)*, Rollenwechsel;
ferrum hostemque: die Mordwaffe kommt ihm eher zu Gesicht als der Gegner (Hysteron – Proteron);
in vestibulo: es gibt keine Rückzugsmöglichkeit vor der Bedrohung.

§ 11 Die offizielle Form der Kriegserklärung:
iuventus indicimus (constructio ad sensum): M. als Exponent einer neuen Front;
nullam aciem, nullum proelium: Anapher und Synonymie des Parallelismus verleihen der Auswegslosigkeit Nachdruck;
uni tibi et cum singulis: Porsenna in der Isolierung des Kämpfers.
Zusammenfassung der Merkmale: Einzelvorgang als Beginn einer Bewegung gekennzeichnet (*longus post me ordo,* vgl. auch Kap. 9, 2);
Bedrohung mit den Mitteln der Sprache: direkte Konfrontation (Polyptoton), Umzingelung (Sperrungen), Unberechenbarkeit der Drohung (Hysteron – Proteron) durch das Kollektiv (constructio ad sensum), Isolierung (Anapher, *uni tibi et cum singulis*);
Satzbau asyndetisch und in lapidarer Kürze (Pathos).

A 8.1

ira infensus, conterritus, minitabundus: § 12–13
Affekt; P. empfindet die Bedrohung, hat aber noch keine Einschätzung der neuen Situation.

A 8.2

Opposition *corpus – gloria (vile – magna):* Indem M. dem König die Grenzen der physischen Gewalt vor Augen führt, demonstriert er dessen Ohnmacht gegenüber der Idee *(gloria)*.

A 8.3

In dem Maße, wie Porsenna begreift, erhält er auch syntaktisch gleiches Gewicht (§ 12 Subjekt des NS, § 13 Subjekt des HS) und wird aus dem ‚Statisten' zum ebenbürtigen Gesprächspartner.

A 9

Auf die Erschütterung (*attonitus miraculo,* vgl. dasselbe Motiv Kap. 10, 5 Ende), symbolisiert durch die erregte Geste *(prosiluisset)*, folgt die Bewertung der Haltung des M. aus der Innenperspektive *(virtus)* sowie die Erkenntnis ihres Bezuges *(patria)*. Der offiziellen Kriegserklärung (§ 11) entspricht die formale und ehrenhafte Freigabe des Gegners, ebenfalls in *oratio recta: magnitudo animi* bzw. *clementia* erheben den König in den gleichen Rang.

A 10.1–2

§ 15–16 Obwohl das Motiv der *coniuratio principum iuventutis* dreimal vorkommt (12, 10/15; 13, 2), um die Rettung des Mucius und den Rückzug Porsennas aus überlegener Position zu motivieren, gibt es in der Darstellung des Livius keinen Hinweis auf seine Glaubwürdigkeit (vgl. 12, 1–5, bes. auch die Rede vor dem Senat in der 1. Pers. Sing.). Das Motiv wird dadurch zum rettenden und durch das Pathos wirksamen Einfalls, der dem *ingenium* des M. ebenso zur Ehre gereicht wie seine *audacia* und *constantia* den *mores*. (Die Bemerkung Macchiavellis läßt sich zur Beurteilung heranziehen.)

A 10.3

10, 2 *fortuna urbis:* Roms Geschick;
12, 4 *fortuna tum urbis:* die gegenwärtige schicksalhafte Bedrohung;
12, 7 *fortuna* (synonym mit *fors* in 12, 4/7): Tyche, die Willkür (vgl. *temere*) des alles Geschehen durchwaltenden Zufalls;
12, 8 *fortunae minae* (synonym mit *fortuna urbis* § 4): Bedrohung seines persönlichen Schicksals;
12, 16 *fortuna:* Mucius verweist P. auf die menschliche Grundsituation, der Tyche ausgesetzt zu sein, wie er es gerade selbst trotz seines Bemühens um Absicherung erfahren hat: Nur dem Zufall seines Irrtums verdankt P. sein Leben; es gibt keine Sicherheit.

A 11.2

Im Kampf gegen die Tarquinier ist *libertas* der Bezugswert für die *dignitas populi Romani;* sie wird zum Motiv für *virtus*. Deren Lohn ist *honos,* über die Lebenszeit hinaus durch die Tradition zur *gloria* erhoben.

A 12.1

Bei Augustin stehen die Namen für selbst auferlegtes Leiden *(sibi inferendo poenas),* wodurch *virtus* und *pietas* eingeschränkt werden. Die Exempla dienen ihm als symbolische Verkürzungen der Bereitschaft zum Leiden *(poena)*. Jedoch nicht *civitas terrena* und *gloria humana,* sondern *civitas dei* und *gloria patris* sind Sinngebung (Motiv) der *bona facta,* die im Ertragen des *auferlegten* Leidens *(illatas poenas ferendo)* bestehen. Die Märtyrer haben daher die *vera virtus* (Leidensbereitschaft); *patria* als Bezugspunkt für *pietas* ist durch Gott ersetzt worden (‚Gehorsam‘).

A 12.2

Christen: Wahrheit, Weg des Heils, Menschen weniger kraftvoll –
Heiden: Liebe zur Freiheit, Ehre der Welt, Einsatz ihres höchsten Gutes, Kraft und Kühnheit;
Christen: Demut, Beschaulichkeit, Selbstverleugnung, Geringschätzung der Welt, Stärke = Dulden, Müßiggang –
Heiden: Geistesgröße, Körperstärke, Tapferkeit, Stärke = kraftvolle Tat, Tapferkeit.
Auf Augustinus weist bes. der Satz ‚Verlangt … Tat‘ (Mitte).

A 12.3

Das Opfer der Hand für die Rettung der politischen Gemeinde vor der Vernichtung durch die Feinde ist eine Präfiguration des Kreuzesopfers Christi für die Christengemeinschaft zur Erlösung vom ewigen Tode.

A 13.1

Da der Dolch des Brutus leicht mißdeutet werden kann, muß man auf den Livius-Text I 57–60 zurückgreifen (Kurzreferat). Auch die Gestalt des Camillus kann durch ein Schülerreferat (bes. V 46–55) dargestellt werden; dieses hätte zugleich die Funktion, den Handlungsrahmen für die fakultative Anschlußlektüre V 47 (Ersteigung des Capitols durch die Gallier) bereitzustellen.

A 13.2
vgl. die Interpretation bei E. Römisch, (19) S. 57–60.

13 Kapitel 13

Das Kapitel eignet sich wieder zur kursorischen Lektüre. Die zusammenfassenden Aufgaben bezwecken die Reaktivierung der beiden Einzelerzählungen und die Vorbereitung des Überblicks über die Gesamtkomposition der Erzähleinheit am Ende von Kap. 15. Der den Kap. 13/15 gemeinsame Topos ‚Verhandlungen/Vertrag' bietet ein Lehrbeispiel für Verfahren und Funktion textbezogener Wortschatzarbeit in Sachfeldern:

A 1.1 und A 3.3
Gegenüberstellung § 1–4/6–11:
legati
pacis condiciones (ultro) ferre
pacem componere his condicionibus
iactare in conditionibus de ...
impetrare de agro restituendo
negare – necessitatem exprimere
obsides dare
praesidium deducere, agro excedere;

oratores mittere
foedus pro rupto habere
pacem redintegrare
pignus pacis ex foedere restit.
utrimque fides constitit
obsides sospites restituere
deditam (obsidem) intactam remitt.
(Cloeliam) obsidem deposcere
alias (obsides) haud magni facere
parte obsidum donare

A 2.1
§ 6 13, 5 *(patres) virtutis causa agrum dedere* – 10, 12 *grata erga tantam virtutem (civitas fuit), agri ... datum*
13, 6 *ita honorata virtute ad publica decora excitatae* –
10, 13 *inter publicos honores*
12, 10 *idem petentium decus.*
Der erste Teil des HS (13, 6) formuliert zugleich das Motiv der Cloelia *(imitatio)* und die Funktion der beiden vorausgegangenen exempla (Appell zur Nachfolge).

A 2.2
Der Bericht über die Verhandlungen an dieser Stelle ist dramaturgisch zwingend, um die Geschichte der Cloelia in der Rolle der Geisel anschließen zu können.

A 3.1
(§ 6 Anfang s.o. 2.1)
forte – 10, 3; 12, 4/7 § 6
castra haud procul ripa locata – 11, 1
frustrata custodes – (Mucius 12, 6 implizit)
inter tela hostium Tiberium tranavit sospitesque ... – 10, 11
primo incensus ira – 12, 12 § 7
deinde in admirationem versus – 12, 14 § 8
intactam inviolatamque remissurum – 12, 14
honorata virtus – 12, 15 § 9
laudatam virginem – 12, 14
Romani donavere – 10, 12; 13, 5;
virtus – 10, 12; 13, 5
honos – 10, 13; 13, 6; *statua* – 10, 12

A 3.2
Das Fehlen Coelias ist folgerichtig: Sie ist nicht primär exemplum, sondern Beweis für die *Wirkung* der exempla. Entsprechend fehlen bei ihr das Leitmotiv der *libertas* sowie die übrigen primären Motive außer der Nachfolge (§ 6).

Kapitel 14 14

Will man die Lektüre des übersetzten Kapitels durch begleitende Aufgaben strukturieren, so sind folgende Arbeitsaufträge denkbar:

§ 1–4 Aitiologie *(mos traditus bona Personnae regis vendendi):* Vor welche Teilaufgabe sieht sich die römische Geschichtsschreibung gestellt?
In welcher Form entledigt sich der Autor dieser Aufgabe?

§ 5–7 Kampf um Arricia am Fuße des *mons Albanus* (Spiegelung der Machtkämpfe zwischen Latinern, Etruskern und Griechen um die Vorherrschaft in der Campagna):
Welche Informationen über die Machtverhältnisse in der Campagna während des 6. Jh. v. Chr. lassen sich dem Text entnehmen?

§ 8–9 Aitologie (*vicus Tuscus* in Rom): Beschreiben Sie die Lage des etruskischen Quartiers anhand des Stadtplanes! Welche etruskischen Einflüsse auf die Tradition Roms sind Ihnen bekannt?

15 Kapitel 15

A 1.2

§ 2 *dignatio* des Porsenna durch *dignitas* und *auctoritas* der Gesandten, Bedeutung des Partners durch entsprechende ‚diplomatische Ebene' symbolisiert;
programmatische Ebene (*libertas – reges;* Antithese);
Hinweis auf vitales Interesse *(nisi in perniciem … vellent);*
Bewahrung guter Beziehungen *(beneficia mutua)* trotz des Interessengegensatzes *(petere – negare);*
Trennung von Person *(**cui** nihil negatum vellent)* und Sache *(**quod** contra libertatem esset).*
Die Ablehnung des Anfangs *(non recipi reges)* wird mit der Geste der dargebotenen Hand am Ende *(cui nihil negatum vellent)* aufgefangen.

A 2.1

§ 3–4 Die vier Prädikationen der lapidaren Programmatik lassen sich präzise auf der semantischen Ebene erfassen:
regnum – libertas (Opposition), *libertas/urbs* (Synonymie), *hostes<reges* (Gradation); *salvus/liber* (Synonymie).

A 3

venire de reducendo Tarquinio § 1–6
respondere / responsum reddere / dare
legatos mittere delectos / honoratissimos patrum
mentionem eius rei finire
beneficium mutuum
petere / orare – negare

verecundia vincere
certum / obstinatum esse – obtundere
nequiquam agere / frustrari
bellum – quies / pax fida
foedus (ad Ianiculum) icere
pacem distinere
dictis facta adicere
obsides reddere
agrum adimere / restituere
spem reditus incidere

A 4.1

Die Ringkomposition der Erzählung (über den analistischen Einschnitt 15, 1 hinweg) läßt sich aus den Entsprechungen evident machen: gemeinsamer Ort der Verhandlungen – Clusium, Personen – Tarquinier / Senatoren bei Porsenna.
Einzelheiten:
15, 3 *non in regno p. R. sed in libertate esse* –
9, 3 *quanta vi civitates libertatem exp. tanta regna reges defendant*
15, 4 *si salvam esse vellet Romam ut patiatur liberam esse* –
9, 4 *cum regem esse Romae tum Etruscae gentis regem;*
gleiche Abfolge von längerer indirekter Rede und kürzerer Reaktion Porsennas; letztere (15, 5) wieder durch oratio recta aufgewertet.

A 4.2

Kap. 9: Exposition in zwei Szenen (Clusium/Rom)

Kap. 10: 1. Akt in drei Bildern *(Horatius Cocles)*

Kap. 11: 2. Akt in drei Szenen *(Belagerung und Ausfall)*

Kap. 12: 3. Akt in zwei Szenen *(Mucius Scaevola)*

Kap. 13, 1–5: 4. Akt in zwei Bildern (Friedensverhandlungen)

Kap. 13, 6–11: 5. Akt in 4 Szenen *(Cloelia)*

Kap. 14: Exkurs in drei Szenen (Aitiologien, Arricia)

Kap. 15: Epilog in zwei Szenen (Verhandlungen und Friedensschluß).

Buch II, Kap. 23–33,3

Disposition in Akten, Szenen und Bildern

Akt	*Ort / Zeit / Personen / Geschehen*	*Textabschnitt*
0	*Exposition:* urbs; plebs/patres; discordia (nexi)	23, 1–2
1.1	forum; veteranus/turba; das Elend der Schuldknechtschaft und seine Ursachen	23, 3–6
1.2	tota urbe; nexi; Solidarisierung und Demonstration	23, 7–8
1.3	forum; turba/consules; Forderung der Menge nach Maßnahmen des Senats	23, 9–11
1.4	curia; consules/multitudo/patres; 1. Senatssitzung; Senat nicht beschlußfähig, Dissens, Volkszorn	23, 12–15
1.5	curia; nuntii/patres/plebs; Nachricht vom Nahen der Volsker; Aufforderung zur Verweigerung des Kriegsdienstes; Furcht der Senatoren, Vermittlungsauftrag an Konsul Servilius	24, 1–3
1.6	comitium; Servilius/populus; contio und edictum mit zeitweiliger Aufhebung des Vollstreckungsrechtes	24, 4–6
1.7	forum; consul/nexi/plebs; 1. ‚Burgfrieden'; 1. Aushebung und Vereidigung der Truppen	24, 7–8
	Zäsur: erfolgreiche Kämpfe gegen Volsker, Aurunker und Sabiner	25–26
2.1	forum; Appius/Servilius, nexi/milites/plebs/patres; politische Isolierung des Servilius durch Rechtsprechung des Appius	27, 1–4
2.2	senatus/comitium; patres/populus/consules; votum des Volkes gegen beide Konsuln (Tempelweihe)	27, 5–6
2.3	forum; consul/plebs, creditores/debitores; gewaltsamer Widerstand gegen Vollstreckung der Schuldhaft	27, 7–9
2.4	forum; Appius/multitudo; 1. Verweigerung des Kriegsdienstes; Appius geht gegen Servilius und Rädelsführer vor, scheitert an Provokation	27, 10–12
2.5	urbs; consules/plebs; Ablösung der Konsuln Appius und Servilius durch Verginius und Vetusius; geheime Versammlungen und Planungen der plebs	27,13–28,1
2.6	curia; consules/patres; 2. Senatssitzung, Beratung von Maßnahmen gegen seditio, Beschluß der Truppenaushebung	28, 2–5
2.7	forum; consules/plebs; 2. Verweigerung des Dienstes	28, 6–8
2.8	curia; consules/patres; 3. Senatssitzung; Konsuln suchen Solidarität des Senats	28,9–29,1
2.9	forum; consules/plebs/patres; 3. Verweigerung des Dienstes; Handgemenge zwischen patres und plebs; Konsuln treten dazwischen	29, 2–4
2.10	senatus; consules/patres/Appius; 4. Senatssitzung; drei Anträge, Einsetzung eines dictator (Valerius) auf Antrag des Appius	29,5–30,4
2.11	forum; Valerius dictator/plebs; Edikt mit Aussetzung des Vollstrekkungsrechts; 2. ‚Burgfrieden', 2. Truppenaushebung	30, 5–7
	Zäsur: erfolgreiche Kämpfe gegen Aequer, Volsker und Sabiner	30,8–31,6

3.1	urbs; feneratores; Einflußnahme zur Durchführung des Schuld- und Vollstreckungsrechtes	31, 7
3.2	senatus; dictator/patres; 5. Senatssitzung; patres lehnen relatio de nexis ab; Rücktritt des Dictators (Rede)	31, 8–10
3.3	urbs; Valerius/plebs; plebs begleitet Valerius unter Anerkennung seiner Haltung	31, 11
3.4	senatus; patres/consules; Fortführung der Verhandlung; Beschluß eines neuen Feldzuges	32, 1
3.5	mons sacer; plebs; secessio ohne Gewalttätigkeit	32, 2–4
3.6	urbs; patres/plebs; gegenseitige Furcht; 6. Senatssitzung; Bereitschaft zu Zugeständnissen	32, 5–7
3.7	mons sacer; Menenius Agrippa/plebs; Vermittlung durch politische Fabel	32, 8–12
3.8	mons sacer; plebs/patres; Verhandlungen mit dem Ergebnis des Volkstribunats	33, 1–3

23 Kapitel 23

A 1

§ 1 Die Bedeutung des einleitenden Satzes für die Darstellung ergibt sich aus den Funktionen seiner Teile:
bellum Volscum imminebat – Rückgriff auf 22, 1–4, das außenpolitische Vorspiel der Erzählung (Verknüpfung der Kapitel);
civitas secum ipsa discors – das Thema der neuen Erzählung (in der Parenthese 24, 1 discordia noch einmal verstärkt);
propter nexos ob aes alienum – das innenpolitische Problem.
Im Unterschied zur modernen Gepflogenheit (Titel und Inhaltsüberschriften) ist im antiken Text das Thema integriert und muß erschlossen werden.
Die Sperrung *intestino … odio* stellt die Situation in abbildender Wortstellung vor Augen: die Kontrahenten – durch Anapher aufeinander bezogen – stehen in unmittelbarer Konfrontation zueinander, eingebunden in das Spannungsverhältnis des *odium intestinum.*

A 2

§ 2 *foris – libertas – imperium / bellum – hostes*
libertas plebis
domi – capti – oppressi / pax – cives

Die Aufgabe der Zuordnung läßt sich zur Deutung des Phänomens weiterführen: Bedeutungsgegensatz als sprachlicher Ausdruck einer strukturierenden Anschauung (Antithese), der die Situation der plebs durch das Schlaglicht des Kontrastes erhellt; Parallelismus bringt die Gegensätze zur Deckung, denn es ist einunddieselbe Gruppe, die den Widerspruch erfährt.
libertas als Schlüsselwort des zweiten Buches erhält innerhalb des Satzes einen neuen Bezug (pro libertate et imperio [sc. populi Romani] ≠ libertatem plebis); die Antithese der zweiten Wortgruppe zeigt, wie die Begriffsinhalte des einen Wortes auseinanderklaffen.
Als Äußerung der Beteiligten gehört diese Wertung der Innenperspektive an, die mit dem Urteil des Autors nicht übereinstimmen muß; wichtigste Funktion dieser indirekten Rede ist es zunächst, die folgende rasante Entwicklung des Geschehens psychologisch wahrscheinlich zu machen.

A 3

odium – Empfindung, Einstellung / *invidia*

– Äußerung dieser Empfindung (‚böser Blick', Anfeindung).
flagrare – gliscere – accendere: Bild der übergreifenden, alles verzehrenden und schwer einzudämmenden Feuersbrunst.

A 4

§ 3–4 Menge – Einzelner, Rom – Forum, abstrakt – konkret, Situation – Aktion.
imminebat – flagrabat – fremebant: durativ;
accendit – proiecit: punktuell;
obsita erat: resultativ – durativ;
noscitabatur – aiebant – iactabant – ostentabat: iterativ.

A 5

***corpus**, barba, capilli, os, pectus, tergum (§ 7);*
*vestis, squalor, **habitus**, pallor, macies, species, deformitas;*
*ordines, ducere, **militiae** decora, testes honestarum pugnarum, cicatrix.*
§ 5 *in contionis modum:*
Auch die nichtbeschließenden Versammlungen *(contiones)* wurden von einem Magistrat einberufen, der sie durch Gebet eröffnete, leitete, das Rederecht besaß und verteilte usw. Der Vergleich charakterisiert diesen ersten, spontanen Menschenauflauf als illegale Zusammenrottung; indem der Sprecher die Rolle eines Magistrats übernimmt, wird die Bedeutung seiner Rede aufgewertet.

A 6.2

§ 6 *tributum imperare, aes alienum facere, usuris cumulare, agro exuere, fortunis exuere, ab creditore duci in ergastulum et carnificinam; nexus ob aes alienum, capi, opprimi ...*

A 7

Hypothetische Imperative: *sunto, esto, ducito, vincito, vivito, dato.*
Grundzüge: Selbsthilfe und private Vergeltung, keine Unterscheidung von Personen und Sachen.
Beispiel für Auslösung eines Schuldners beim Prätor: Liv. VI 14, 3–8.

A 8

Knappe, teils asyndetische Parataxe: rascher Bewegungsablauf. Wie eine Woge am Strand flutet die Menge zunächst vom Forum zurück in die Stadt, um mit verstärkter Gewalt zurückzukehren. Ein einzelner *(quidam)* hat eine Bewegung *(nexi undique se proripiunt)* ausgelöst. § 7–10
clamor ingens – akustische Dimension;
tumultus – (tumere) räumliche Ausbreitung;
seditio – politische Bedeutung;
agmina – formierte Kraft des Aufstandes.
Ausbruch einer spontanen Demonstration; Mitläufer; Demonstr.-Zug.

A 9

Rückverweis auf § 3–4: einzelner *(quidam)* – Masse *(multitudo);* § 10–1
*se in forum proieci**t** – se in publicum proripiun**t*** (§ 8);
*ostentare ter**gum** foedum* (§ 7) – *ostentare vincul**a*** (§ 10);
deformitas (§ 4/5)–(§ 10);
ordines duxisse – se meritos (esse vgl. *stipendia meruisse);*
militiae decora, cicatrices ostentabat – exprobrantes militiam.
Die steigernde Wiederaufnahme von ‚Motiven' als ein Kompositions-Merkmal der Erzählung zeigt sich im weiteren Verlauf besonders in den folgenden Abschnitten:
Volksszenen: 23, 9–11; 23, 14; 27, 2; 27, 7–9; 27, 12; 29, 2–4;
Senatssitzungen: 24, 3; 28, 2–5; 28, 9; 29, 5–6;
Verhalten und Charakterisierung des Appius: 23, 15; 27, 1; 27, 10–12; 29, 9–12.
§ 11: *ostentare* (10) *– dicere – exprobrantes – postulare – minaciter – circumsistunt;*
Geste – Äußerung – Vorhaltung – Forderung – Drohung – Belagerung.
In der Klimax wird der zunehmende ‚Druck der Straße' spürbar.

A 10

§ 13 ***eludi*** *atque extrahi ...* – ***ludibrio*** *esse miserias*

A 12

z. B. Begründung des Abschnitts in § 7:
Aktion – Reaktion, Einzelner – Menge, statisch – bewegt;
Ortswechsel, Subjektswechsel, praesens historicum;
Verknüpfung durch pronominale Wendung *(ad haec visa auditaque)*.

A 13

Phasen des Geschehens / Dramaturgie der Darstellung: vgl. Kap. 24 A 13.
Dramatische Elemente der Darstellung: Wiedergabe von Empfindungen und Gedanken, Wahrnehmungen, Äußerungen und Gesten der Beteiligten; Gliederung des Geschehens in einzelne, anschauliche Szenen mit Wechsel des Orts und der Akteure; Wechsel zwischen dramatischer Steigerung und Retardation. Die Beleuchtung des Geschehens aus der Innenperspektive der Erzählung (indirekte Reden) versetzt den Leser unversehens auf die Ebene des Geschehens selbst; er wird wie die Beteiligten zum Zuschauer/Zuhörer, in ihre psychische Situation einbezogen und erlebt das Geschehen aus ihrem Blickwinkel.

24 Kapitel 24

A 2

§ 2 Anapher: *patres, penes (alius alium)*
Alliteration: *dicere deos, ne nomina, penes pericula, penes praemia*
Antithese: *omnes – soli, pericula – praemia (exultare – perire)*
Wortstellung: *ultores ... deos* (Prädikativum in Spitzenstellung)

A 3

23, 14 Bedrohung *(ira hominum)* – 24, 2 Verweigerung *(exultare gaudio)*

A 4

terror, tumultuosus; maestus, trepidus; metus anceps, terror; afficere **(Affekt)**. § 1–3
Kontrast: *gaudium – metus*.
Die §§ 2–3 stehen in explikativer Beziehung zu § 1:
terror hat aufgrund der *discordia* entgegengesetzte Wirkungen bei beiden Parteien *(plebes – patres)*.
Fragen: Wie könnte der Konsul die ihm gestellte Aufgabe lösen? Gibt der Senat sachliche Hinweise für die Verhandlungsführung? § 3

A 6

a) *consules* ← (Sachfelder) → b) *senatus* § 4

a)

28, 1 *consulatum inire*
2 *ad patres deferre*
invidiam ad senatum reicere
6 *senatum dimittere*
in tribunal escendere
iuniores nominatim citare
fidem publicam praestare
9 *abdicare consulatum*
deponere imperium
29, 2 *lictorem mittere*
3 *devolare de tribunali*
4 *intercursu rixam sedare*

b)

23, 12 *agere*
–14 *infrequentia – curia frequens*
impediendae rei causa abesse
in senatum venire
inter patres convenit
24, 3 *consulem orare*
4 *patribus curae est*
plebi consulere
5 *fortunis civium consulere*
27, 3 *in alteram causam praeceps*
omnis factio nobilium
5 *rem ad populum reicere*
27, 2 *fides senatus*
10 *senatus consultum*
11 *patrum maiestas*
12 *auctoritas principum*
28, 2 *rem delatam ordine consulere*
indignatio patrum

28, 5 *patribus placet*
decernere, mandare (8)
8 *intra parietes curiae loqui*
invidiae participem esse
9 *ad sellas consulum convolare*
29, 1 *,patres conscripti'*
consulibus adesse
5 *tumultose consulere*
quaestionem postulare
6 *sententia*
7 *censere*

A 7

pars civitatis – universa res publica; Solidarität der Bürgerschaft hat bei Bedrohung Vorrang vor Durchsetzung von Gruppeninteressen.

A 8.2–5

§ 5 *plebi – patribus; honestum/decorum*
Die beiden Begriffe gehören in den Bereich der politischen Ethik: Dem *honestum* widerspricht es, aus der Verpflichtung zur Verteidigung ein Geschäft zu machen (Konnotation von *merces;* Wortfamilie: *merere, merx, mercator, mercatus, Mercurius,* vgl. 27, 5); dem *decorum* der politischen Führung ist Furcht als Motiv für unfreiwilliges Handeln unangemessen.
Die Rede macht keine konkreten Zusagen: *curae esse patribus, ut consulatur plebi; deliberatio.*
prius – postmodo; es geht darum, Zeit zu gewinnen.
consulere fortunis adflictis; Anerkennung der sozialpolitischen Aufgabe des Senats.

A 9

§ 6 Contioni deinde edicto addidit fidem,
quo edixit,
(A) ne quis civem Romanum vinctum aut clausum teneret,
quo minus ei nominis edendi apud consules potestas fieret,
(B) neu quis militis,
donec in castris esset,
a) bona possideret aut venderet,
b) liberos nepotesve eius moraretur.

Zusagen:
A: Freilassung der nexi *zum Zweck des Kriegsdienstes;*
B: Aufhebung des Pfändungsrechtes und der Sippenhaft *für die Dauer des Feldzuges.*

A 10

Amtshandlungen der Konsuln: vgl. 24 A 6; **§ 6–7**
Verschuldung (Erg. zu 23, 5–6): vgl. Arbeitskommentar 27 A 12;
Einberufung zum Militär: *nomen edere apud consules/nomina profiteri/nomina dare* (24, 2), *sacramento dicere; dilectum ex senatus consulto habere* (27, 10); *iuniores nominatim citare, ad nomen respondere* (28, 6); *in consulum verba iurare, sacramento teneri; legiones ex urbe educere* (32, 1); *exercitum dimittere, sacramento solvi, religionem exsolvere* (32, 1–2)

A 13

Aufbau des ersten Aktes der Erzählung (Kap. 23–24)

23, 1–2 kritische Ausgangssituation *(imminebat, flagrabat);* Problem *(nexi ob aes alienum);* Motiv *(libertas plebis);*
3–6 auslösendes Ereignis *(accendit, veteranus)* – crescendo;
7–8 Vorgang der Zusammenrottung *(pervadit)* – crescendo;
9–10 Intervention der Konsuln *(intervenissent)* – ritardando;
11 drohende Haltung der plebs *(minaciter postulare)* – crescendo;
12 Verzögerung der Senatsverhandlung *(infrequentia)* – ritardando;
13 Entrüstung über Verzögerung, Volkszorn *(tergiversari, ira hominum)* – crescendo;
14–15 1. Senatsverhandlung, Dissens *(non conveniebat)* – ritardando;
24, 1 Bedrohung von außen *(terror, Volscos venire)* – crescendo;

2 übermütige Verweigerung der plebs *gaudium,*
3 Angst und Hilflosigkeit des Senats *(metus, orare):* 1. Krise;
4–5 Rede des Konsuls Servilius *(contio);*
6 Edikt des Konsuls Servilius *(edictum),*
7–8 Aushebung *(nomina profiteri)* und Verteidigung *(sacramentum)* der Truppen: vorläufige Lösung.

27 Kapitel 27

A 2 und A 6

§ 1 **Appius Claudius** (A 1)
vehementis ingenii vir, imperio consulari rem agendam censebat (23, 15);
et insita superbia animo et, ut collegae vanam faceret fidem, quam asperrime poterat (27, 1).

§ 3–4 **Publius Servilius** (A 6)
lenibus remediis aptior, animos flecti quam frangi putabat cum tutius tum facilius esse (23, 15);
cui ingenium magis populare erat (24, 3);
medium se gerendo nec plebis vitavit odium nec apud patres gratiam iniit. (patres) mollem consulem et ambitiosum (rati), (plebes) fallacem, (apparuit) aequasse eum Appi odium (27, 3–4).

Sachfeld ‚Verschuldung' (A 2): vgl. Arbeitskommentar Kap. 27 A 12.

A 4.3

§ 3 *senatus, patres; factio* hat den Nebensinn der Parteilichkeit, der Vertretung von Teilinteressen anstelle des Verantwortungsbewußtseins für das Ganze (vgl. 30, 2 *factione respectuque rerum privatarum*). Der Ausdruck *nobiles* ist ein Hinweis auf die Projektion von Motiven des 2. Jh. in die frühe Zeit der Republik, wie sie zumal bei sozialpolitischen Themen häufig zu beobachten ist.

ita medio / se gerendo — nec plebis vitavit odium / nec apud patres gratiam iniit.

Auf den ersten Blick zeigen sich drei Gegensatzpaare; die Kombination der beiden letzten *(odium vitare – gratiam inire)* neutralisiert den Gegensatz jedoch ebenso, wie das zweiseitige Bemühen in der Gegenbewegung des Chiasmus aufgehoben wird. Die korrespondierende Negation steht für die Vergeblichkeit des Taktierens nach beiden Richtungen.
Die vom Autor gewählte Formulierung läßt offen, ob es sich lediglich um die Feststellung eines Resultats handelt oder ob das Motiv, es mit beiden Parteien nicht verderben zu wollen, für das Scheitern verantwortlich ist.

A 5

Der Satz expliziert zwar die vorangehende § 4
Feststellung, wechselt jedoch aus der Perspektive des Erzählers in die der Beteiligten *(rati)*. Hier werden Motive unterstellt *(ambitiosum, fallacem)*, die der Autor keineswegs teilt (vgl. auch Kap. 23, A 12/13). Die Divergenz der Beurteilung in der direkten Gegenüberstellung zeigt, wie wichtig es ist, sich den Wechsel der Erzählperspektive bewußt zu machen.

Es dient dem Überblick und der Auswer- § 3–4
tung des Textes, die politische Zwangslage des Servilius paraphrasieren zu lassen. Was hätte er tun können, um sich Handlungsspielraum zu verschaffen?
Servilius hat es versäumt, seinen Vermittlungsauftrag vorher durch positive Zusagen des Senats abzusichern (24, 3); angesichts der unterschiedlichen Auffassungen des Appius (23, 15) hätte er sich zuvor auch der Loyalität des Appius versichern müssen. Die Situation zeigt die Problematik, die in der Kollegialität des höchsten Amtes liegt: Sie verhindert die Einlösung einer übernommenen Verpflichtung *(fides*

– 24, 6; 27, 1), zerstört die Vertrauensbasis zwischen Wähler und Mandatsträger und wird für Servilius zur politischen Falle *(tergiversari res cogebat)*. Da Senat und Mitkonsul ihn kompromittieren, bliebe ihm eigentlich nur der Rücktritt.

A 7.2

§ 5 Über den Vorgang der Tempelweihe und die Bedeutung für den Beauftragten kann man aus Liv. II 8 (zweiter Abschnitt) eine Vorstellung gewinnen (Schülerreferat). Der Name des Weihenden ging durch die Weiheinschrift augenfällig in die Geschichte ein.

Von hier aus erklärt sich auch die anschauliche Grundbedeutung des Schlüsselbegriffs *ignominia* in betonter Schlußstellung (§ 6).

§ 6 *ad consulum ignominiam* – vgl. *aequasse eum Appii odium* (§ 4); *quod facile appareret* – vgl. *brevique apparuit* (§ 4): Wie die Entsprechungen zeigen, dient der Vorgang als faktischer Beleg für die Richtigkeit der vorangegangenen Einschätzung.

A 10

§ 7–9 *longe alia quam primo instituerant via grassabantur:*

vi agebatur – *prope erat, ut ne consulum quidem maiestas coerceret iras hominum* (23, 14);

cum in conspectu consulis singuli a pluribus violarentur

– *nec temperatum manibus foret, ni ... consules intervenissent* (23, 10).

A 11

saevire – desperato – vi: Affekte.

Fehlen der rationalen Kontrolle *(saevire)* auf der einen und Hoffnungslosigkeit *(desperare)* auf der anderen Seite führen zur Gewalttätigkeit *(vis)*. Das Band der *fides* ist gelöst (27, 1–2).

A 13.1

Appius et insita superbia animo et ut collegae vanam faceret fidem ... § 10

(Disposition, Motiv)

furente *Appio et* ***insectante*** *ambitionem collegae*

(direkter Angriff ohne Hemmungen und Rücksichten)

A 14.2

Die Argumentation kann zwei Zielen dienen: § 10–1

a) Rückgriff auf die bisherige Darstellung, Übersicht, Auswertung;

b) Überprüfung der Anschuldigungen und ihrer Absicht; Beurteilung.

ambitio – Servilius hatte auf Bitten des Senats gehandelt (24, 3);

populare silentium – (27, 3–6) das *odium plebis* gegen Servilius ist bereits manifest (unpopulär);

rem publicam prodere – (24, 4–7, bes. § 4 Ende *universa res publica*): die Maßnahme des Servilius hatte die Verteidigung der *res publica* gegen die Volsker erst möglich gemacht (der Name des Appius wird in Kap. 24–25 nicht erwähnt);

ne dilectum quidem habere – gegen die Verweigerung gab es offenbar bereits in der früheren Situation (24, 2–3) kein probates Mittel; sonst hätte wohl der Senat dem Appius den Auftrag erteilt;

se unum ... vindicem fore – die beiden letzten Äußerungen zeigen die Tendenz des Appius, sich allein als den Retter des Staates zur Geltung zu bringen; auch dazu ist ihm das negative Gegenbild des Rivalen vonnutzen.

A 16

23, 15 *uno aut altero arrepto quieturos alios:* ‚Rädelsführer-Theorie', Einschüchterung durch Maßnahmen gegen einzelne, ‚Exempel statuieren'. § 12.1

A 17

§12.2 Um den Vorgang und die rechtliche Bedeutung der Provokation – zumal angesichts des Bedeutungswandels beim modernen Fremdwort – einschätzen zu können, empfiehlt sich die Auswertung der beiden Livius-Stellen sowie die Erläuterung bei Ernst Meyer. Die bekannte Cicero-Stelle *Verrinen* V § 161 ff. liefert eine Illustration; der Text eignet sich für eine selbständige Übersetzungsleistung, man kann daran Unterschiede zwischen Rede und Geschichtsschreibung erarbeiten. Aus *de re publica* II 31, 54–55 läßt sich – auch im Anschluß an die Lektüre von Livius II 1–7 – eine entsprechende Lernerfolgskontrolle zu dem behandelten Sachbereich zusammenstellen.

A 18.2

a) zeitliche Ebenen: *eodem anno* = 300 v. Chr.; *tertio post reges exactos* = 500 v. Chr.; *Porcia lex* = 198/195 v. Chr.; *Valeria lex* = 300 v. Chr.; *tum* = 4. Jh. v. Chr.; *nunc* = Herrschaft des Augustus.
b) Haltungen des Erzählers: Mitteilung (§ 3), Erklärung aus den Motiven (§ 4.1), Schlußfolgerung aus dem Wortlaut (§ 4.2), Mitteilung des Wortlauts (§ 5), Folgerung aus dem Wortlaut (§ 6.1), kontrastierender Vergleich mit der Gegenwart (§ 6.2).
c) Abstufung der Aussagen:
Mitteilung überlieferter Fakten *(tulit, lata est, sanxit, adiecit)*;
Annahme/Vermutung *(reor, credo)*;
Schlußfolgerung *(videtur, visum)*;
vorsichtige Behauptung *(vix minetur)*.

A 18.3

Der zeitübergreifende Vergleich schließt Kritik und Mahnung für die Gegenwart des Autors ein: *pudor* (Scheu vor der Verletzung der sozialen Norm des *probum*) der Magistrate ist Bedingung für die Verwirklichung des bürgerlichen Grundrechts; das Schwinden dieser Norm gefährdet die rechtliche Sicherung des Bürgers.

A 19

pertinacia Appii, clamor populi – irrationaler Bereich; §12.2
consilium et auctoritas principum – rationaler Bereich.
Der Verlust der rationalen Kontrolle (vgl. § 7 *saevire*, § 10 *furere*) – ein Verhalten, das sonst die erregte Menge kennzeichnet (vgl. 23, 14 *ira hominum*) – disqualifiziert den Konsul, wie das entgegengesetzte Verhalten der *principes senatus* zeigt.
animus ist, bezogen auf eine Person, seiner Grundbedeutung nach Singular; der Plural muß demnach in übertragener Bedeutung die seelisch-geistigen Regungen dieser Person bezeichnen;
animi/pertinacia; invidia/clamor (als Äußerung der *invidia*).
Der Schlußsatz ist nicht ohne Bewunderung für die Haltung im Sturm der politischen Erregung und sozialen Ächtung.

A 20

secessio bedeutet hier zunächst eigene, illegale Versammlungen der *plebs*, die sich durch Geheimhaltung auch der öffentlichen Kontrolle entziehen (vgl. 28, 1). § 13

A 21

Appius:	**Servilius:**
saevire	*‚ambitio'*
furere	*‚silentium populare'*
insectare	*‚rem publicam prodere'*
(maiestatis vindex)	*‚ius non dicere'*
provocationi non cedere	*‚dilectum non habere'*

Appius:	**Servilius:**
aegre victa pertinacia animi ad sustinendam invidiam	*‚rem publicam deserere' ‚imperium consulare proicere'*
patribus mire gratus	*neutris gratus*
Hat Rückhalt im Senat;	Ist als Politiker am Ende.

A 22.1

Phasen:	**Faktoren:**
23, 7–11 bedrohliche Zusammenrottung der Menge *(nexi, multitudo)*	Auftritt des Veteranen
23, 13 Entrüstung und Zorn der Menge *(ira)*	Verzögerung der Senatsverhandlungen
24, 2 übermütige Verweigerung des Kriegsdienstes *(exultare; ne nomina darent)*	Nachricht vom Herannahen der Volsker
24, 7 bedingte Aufhebung der Schuldhaft, Verpflichtung zum Kriegsdienst	*contio* und *edictum Servilii*
27, 2 vergebliche Appellation an Servilius	verschärfte Rechtsprechung des Appius
27, 6 Votum gegen beide Konsuln *(ignominia)*	Versagen des Servilius *(tergiversari)*
27, 8–9 Aufruhr, Verweigerung des Gehorsams, Gewalttätigkeit gegen Gläubiger	Nichteinlösen der *fides (auxilium)*
27, 10 Verweigerung des Kriegsdienstes	
27, 13 geheime Versammlung der *plebs*	Maßnahme des Appius

A 22.2

Beziehungen zwischen beiden Konsuln:
23, 15 unterschiedliche Auffassungen über Taktik *(non conveniebat)*;
27, 1 Gegenmaßnahmen des Appius *(ut collegae vanam faceret fidem)*;
27, 10–11 persönlicher, verleumderischer Angriff des Appius auf Servilius im Senat.

A 22.3

Haltung des Senats:
23, 12 *metus, infrequentia;* 23, 14 *incerti, non conveniebat;*
24, 3 *maesta ac trepida ancipiti metu, orare;*
27, 3 *in alteram causam praeceps;* 27, 4 *mollem consulem et ambitiosum rati* (Widerspruch zu 24, 3 *orare*); 27, 5 *rem ad populum reicere;* 27, 7 *saevire;* 27, 12 *consilium et auctoritas principum.* – Angst, Hilflosigkeit, Unentschlossenheit, Vernachlässigung der *fides* und der sozialpolitischen Aufgaben, Affekt.
Folgende Probleme werden berührt (Auswertung):
Absicherung sozialpolitischer Zusagen, Notwendigkeit eines politischen Rückhalts, Berücksichtigung der Spannung zwischen aktuellen *(metus anceps)* und latenten Interessen *(in alteram causam praeceps factio)*, Gefahren der Vermittlerrolle, Flexibilität, politische Intrige (Appius), Glaubwürdigkeit *(fides)*, Lavieren zwischen den Fronten *(medium se gerere)*.

Kapitel 28 28

A 1

Annalistisches Prinzip der Darstellung; § 1
Wechsel der Hauptakteure, politische Isolierung des Servilius als Vermittler.
Fortbestehen der politischen Spaltung: illegale, heimliche Versammlungen der *plebs.* Verschärfung der Situation: Aus spontanen Reaktionen wird planmäßiges Vorgehen.
Die beiden Paragraphen bilden eine situative Einheit (heimliche Versammlungen der *plebs*), die von der vorangehenden Szene des Appius und der folgenden Senatsversammlung abgegrenzt ist. Ihre Trennung in Abschnitte resultiert aus der Ablösung der Konsuln.

A 3

§ 2 *consulere ordine non licuit; tumultuosus, clamor, indignatio:* vgl. 23, 7 *tumultus* und 23, 14 *ira hominum; 27, 8 neque decretum exaudiri consulis prae strepitu et clamore poterat* – Senat verhält sich undiszipliniert und reagiert emotional wie die Menge; negative Charakterisierung des Senats: Entrüstung, keine Solidarität mit Konsuln aus ihren eigenen Reihen, Angst vor *invidia;* entzieht sich der politischen Mitverantwortung.

A 4.1

§ 3–4 *concilium* <* *con-caliom* von *calare* = rufen; *coetus – co-ire; curia* <* *co-viria; contio* < *con-ventio – venire.*

A 5.1–5.2

Die wiederholte Verweigerung der Menge (24, 2 und 27, 10) und die Absicherung einzelner durch die *provocatio* (27, 12) hat bereits die Ohnmacht der Magistrate innerhalb der staatsrechtlichen Legalität gezeigt. Insofern charakterisiert der Irrealis auch die Vergeblichkeit des Arguments bzw. die Fehleinschätzung der Situation. Der Ruf nach einem ‚starken Mann' wie Appius müßte ein entscheidendes Merkmal der Verfassung, die Kollegialität, außer Kraft setzen, da diese – wie Appius selbst gezeigt hat (27, 1) – eine Patt-Situation der Exekutive herbeiführen kann.

A 8

§ 7 *miles – fides; libertas – arma*
habere – praestare; reddere – dare
Zweifacher Chiasmus als Ausdruck der wechselseitigen Bedingtheit von ‚innerer' Situation und Verteidigungsbereitschaft ‚nach außen'; die beiden zentralen Begriffe stehen in der Fuge; wie in einem Spiegel (Fuge = Spiegelachse) werden die abstrakte und die konkrete Seite des Bedingungsgefüges einander gegenübergestellt. Der Begriffsinhalt von *libertas* – Schlüsselbegriff des ganzen zweiten Buches – hat eine entscheidende Wandlung erfahren:
(Kap. 1.2 *libertas* = Verfassung des Freistaats ⟷ *servitus* unter entartetem Königtum):
23.2 *pro libertate et imperio* = Souveränität nach außen;
libertatem plebis = soziale und politische Situation der Mehrheit des Volkes;
28.7 *libertatem unicuique* = Freiheit des Individuums, Absicherung seiner wirtschaftlichen und physischen Existenz.
Mit der Verlagerung und Erweiterung des Begriffsinhalts verdeutlicht der Autor einerseits einen Bewußtseinsprozeß der *plebs,* andererseits den Wirkungszusammenhang zwischen individueller Freiheit des Bürgers und der Souveränität des freiheitlichen Staates.
patria, cives ⟷ domini:
Bedeutungsgegensatz; Antithese als Form der Anschauung, Aufdeckung einer politischen Struktur, vgl. bereits 23, 2.

A 9

23, 1 *civitas secum ipsa discors, intestinum odium;* 23, 2 *invidia gliscens;* 23, 7 *tumultus;* 23, 8 *seditio, agmen;* 23, 10 *seditio;* 23, 14 *ira hominum;* 24, 1 *discordia, duae civitates;* 27, 3–4 *odium;* 27, 13 *secessio, conloquia occulta;* 28, 1/4 *coetus* § 8

Kapitel 29 29

A 3

a) Dramatisierung, Einbeziehung des Publikums in das Geschehen durch Verstärkung der Innenperspektive (Zuhörer); § 1
b) Akzentuierung der Darstellung durch Wechsel des Mittels, Aufwertung von Sprecher und Aussage, kompositorischer Verweis (vgl. das Ende des Kapitels).

A 5

ab lictore ***nihil aliud quam*** *prendere prohibito – in qua tamen* ***sine lapide, sine telo*** *plus clamoris atque irarum* ***quam iniuriae*** *fuerat:* Der Autor nimmt die *plebs* ausdrücklich gegen den Vorwurf der *iniuria* in § 4

Schutz, den er selbst vor Beginn dieser Erzählung (Kap. 21, 6) gegenüber dem Adel erhoben hatte: *eo nuntio* (sc. *Tarquinii mortis*) *erecti patres, erecta plebes; sed patribus nimis luxuriosa ea fuit laetitia; plebi, cui ad eam diem summa ope inservitum erat,* ***iniuriae a primoribus*** *fieri coepere.*

Der Vergleich ist geeignet, die Haltung des Autors gegenüber den Parteien in diesem Konflikt manifest zu machen.

A 7.4

§ 8 *totam plebem* ***demersam*** *esse nec* ***sisti*** *posse* – Untergang (Wasser, Sumpf);

discordiam magis ***accendi*** *quam* ***sedari*** – Anfachen (Feuersbrunst);

neben dem jeweiligen Bedeutungsgegensatz der Verben wird die Relation zwischen existenzieller Not der *plebs* und der Gefährdung des Gemeinwesens *(discordia accensa)* sowie deren Umkehrung *(sisti – sedari)* sichtbar.

A 8

§ 9 Verknüpfung der Erzählung durch Wiederaufnahme von Charakterisierungen:

natura immitis vgl. 27, 1 *insita superbia animo;*

efferatus plebis odio vgl. 27, 7 *saevire,* 10 *furere,* 12 *animi ad sustinendam invidiam;*

patrum laudibus vgl. 28, 4 *virum, qualis Ap. Claudius fuerit.*

Beobachtungspunkte und Arbeitsschritte: Wiederaufnahme wichtiger Begriffe, Themen, Situationen; Auftritte der Personen und Gruppen. Aufsuchen der Vergleichstellen, Feststellen der Bezüge und Unterschiede, Zusammenstellen des einschlägigen Wortschatzes.

A 9.1

Appius: *non miseriis* – T. Largius: *totam plebem aere alieno demersam esse*

A 9.2

licentia: Schrankenlosigkeit (Versagen der staatlichen Autorität) bewirkt in den Augen des Appius das *unverschämte Verhalten* der *plebs*; damit tritt die Verknüpfung zweier Symptome an die Stelle einer ursächlichen Analyse, die T. Largius gegeben hatte.

Indem Appius die Gefährlichkeit der *plebs* herunterspielt, bestreitet er die Einschätzung der Situation durch die Konsuln (29, 1 *ingens seditio*), die der Autor bereits 28, 8 *(atrox certamen)* bestätigt hatte.

A 9.3

Daß der Gemeinplatz *otio lascivire plebem* (28, 5 Ende, vgl. I 18, 4 *ne luxuriarent otio animi, quos metus hostium disciplinaque militaris continuerat*) hier keine zutreffende Einschätzung ist, zeigt die ganze Anlage der Darstellung durch den Autor: Zu Beginn (23, 1 *propter nexos ob aes alienum*) wird das Problem als Motiv der Konfrontation klargestellt und im Namen der *plebs* zwingend formuliert (23, 2). Der Auftritt des Veteranen, der Volkszorn und die Verweigerung des Kriegsdienstes (Kap. 23 und 24, 2) führen die Berechtigung der Empörung und die Unhaltbarkeit der Situation nachdrücklich vor Augen. Die weitere Eskalation rechtfertigt der Autor aus der Verletzung der *fides* – des gesellschaftlichen und politischen Grundwertes – durch Konsuln und Senat (24, 6; 27, 1–3, vgl. 27, 8 *desperato enim consulum senatusque auxilio* als Begründung für das vorangehende *alia via grassari*). Vor diesem Hintergrund erscheint Appius als Taktiker der Macht, der weder *invidia* noch Gesetze scheut (27, 12), aber den Ernst der Lage und die Entschlossenheit der *plebs* nicht sehen kann bzw. nicht sehen will.

A 15.1–15.3

Der Wechsel von der indirekten in die direkte Rede gibt der Rolle des Appius Gewicht und stellt ihn den Konsuln (direkte Rede am Anfang des Kapitels) gleich. Indem er ihre Aufforderung in ganz anderem Sinne beantwortet, verdrängt er

sie zugleich aus ihrer führenden Rolle (in der inneren Auseinandersetzung tauchen sie nur 30, 4 noch einmal auf).
Kompositionstechnik innerhalb der Kapitel (Rahmenpartien):
Kap. 27, 1/12–13: Rolle des Appius gegenüber der *plebs*; Servilius tritt kaum in Erscheinung.
Kap. 28, 2/9: erregte Senatversammlungen mit Angriffen gegen die Konsuln.

30 Kapitel 30

A 2

§ 1 *fides:* Die Verständnisschwierigkeit zwingt zu einer Klärung des komplexen Begriffs, der bereits 23, 8; 24, 6; 27, 1; 28, 7 und 29, 7 aufgetreten ist. Diese Norm liegt auch dem Appell 27, 2 Ende zugrunde: Sie wird im Fall des Konsuls durch die Persönlichkeitswahl, in der Funktion des Imperators durch das *sacramentum* – der nach der Formel des Heerführers auf dessen Person geleistete Eid – begründet. Dieser Sachverhalt bildet auch die Voraussetzung für das Verständnis von 32, 2. Anwendung und Kontrolle dieses Verständnisses läßt sich in 31, 11 *(persoluta fide)* durchführen. An unserer Stelle läßt sich der scheinbare Widerspruch folgendermaßen auflösen:
28, 7 *fides publica:* Einlösen der Zusicherung des Konsuls (24, 4–6), daß der Staat seiner Fürsorgepflicht nachkommen werde – politischer Bereich;
30, 1 *tota fides: bona fides* als Grundlage des Vertragsrechts (Kredite), an das sich das Vollstreckungsrecht anschließt.
Die Forderung der *plebs* nach Aufhebung der Schulden bzw. der Leib- und Sippenhaft stellt somit die privatrechtlichen Grundlagen dieser Gesellschaft in Frage; sie kann daher nicht durch Edikt erfolgen, sondern bedürfte einer eigenen Gesetzgebung.

Kapitel 31 31

A 2

30, 1 *Verginii Largique exemplo haud salubres (videbantur sententiae) utique Largi sententia, quae totam fidem tolleret.* § 9
30, 2 *factione respectuque rerum privatarum*
31, 7 *gratia feneratorum*

A 3

Inhalt: Im Gegensatz zur Absicht des Appius, den Widerstand der *plebs* durch Diktatur und Aufhebung des Provokationsrechts gewaltsam zu brechen, versteht sich Valerius als Vermittler und Wahrer der politischen Gemeinschaft sowie als Anwalt der *plebs (concordiae auctor, patronus plebis),* wozu ihn seine *fides* aufgrund des Ediktes (30, 6) verpflichtet. Da er an der Erfüllung seines Auftrags im Innern gehindert wird *(pax domi impeditur),* legt er die Verantwortung nieder, um nicht in die Rolle des Servilius zu geraten. § 9–10
Satzbau: Die ‚magistratische' Kürze seiner Sätze, die Klarheit und Bestimmtheit seiner Aussagen weisen ihn als entschlossenen Mann aus.
Tempora: Die vorherrschenden Futur-Formen unterstreichen seine Fähigkeit zu politischer Voraussicht.
Wortwahl:
concordia – der zentrale, existenzielle Wert der staatlichen Gemeinschaft;
mei similes patronos – für den wissenden römischen Leser ist hier die Voraussage negativer Erfahrungen mit dem Volkstribunat mitenthalten (die positive Wertung resultiert aus der negativen der unausgesprochenen Alternative);
frustrabor ... frustra – das vom Senat erzwungene Verhalten der Magistrate (vgl. Servilius) wird beim Namen genannt;
cives meos – Verbindendes und Identifikation stehen für die bisher überwiegende politische Opposition *(patres – plebs).*

Bedeutungsverhältnisse:
intestinae – externum, foris – domi: Der wiederholte Gegensatz schärft die doppelte Funktion des Amtes ein;
discordiae – bellum, pax – seditio: positiver Umschlag der äußeren Situation (Opposition); Anhalten, ja Verschlechterung der Lage im Innern (Synonymie).
Weitere Bedeutungsgegensätze verdeutlichen die Widersprüchlichkeit der Situation: *parta est – impeditur; neque dictator ero – privatus seditioni interero; (neque frustrabor neque frustra ero).*
Tonstellen:
concordiae auctor, discordiae intestinae, res publica, pax ... impeditur; privatus ... seditioni interero.
Figur

discordiae intestinae	–	*bellum externum*
pax foris		*( ) domi*

Der Zerbrechen der chiastischen Struktur macht das Scheitern der Aufgabe spürbar.
Haltung des Sprechers:
Der Autor charakterisiert mit dieser Rede Valerius als positive Gestalt. Im Gegensatz zu dem uneinsichtigen Machtpolitiker Appius versteht er sein Amt als politische Aufgabe. Im Unterschied zu Servilius steht er zu seinen Verpflichtungen, ergreift Partei und zieht Konsequenzen. Im Unterschied zu den Konsuln, die sich durch Solidarität der Senatoren abzusichern versuchen, distanziert er sich im Interesse des Ganzen *(concordia, non frustrabor = fides, res publica)* von seinen eigenen Standesgenossen.

§ 11 *Frage:*
Weshalb waren dem *dictator* trotz seiner außerordentlichen staatsrechtlichen Vollmachten die Hände gebunden? Die Lage der *plebs,* besonders der *nexi,* hätte nur durch einmalige Schuldentilgung bzw. Aufhebung der Leib- und Sippenhaft bei Verschuldung gebessert werden können. Ein so einschneidender Eingriff in die bestehende Rechtsordnung hätte einer eigenen Gesetzgebung durch die Volksversammlung – falls diese bereits dafür zuständig war – und dazu der Zustimmung des Senats in Gestalt des *senatus consultum* und der *patrum auctoritas* bedurft; ein Edikt konnte lediglich bedingte und auf die Amtszeit des jeweiligen Magistrats begrenzte Maßnahmen treffen.

A 6

suam vicem indignantem – per eum non stetisset – favor – laudes: Die *plebs* erkennt die *fides* des Valerius *(rettulit, quid de nexis fiere placeret, patronus plebis, non frustrabor civis)* und die Grenzen seiner Möglichkeiten *(reiecta relatio, impeditur)* sowie seine konsequente Haltung *(dictatura se abdicavit);* seiner *fides* gilt der *favor,* seinen Äußerungen und seiner Konsequenz werden die *laudes* zuteil.

Kapitel 32 32

A 2

Dem *maturare* entspricht das accelerando durch den kurzen Satz; seine Wirkung wird durch die umgebenden, komplexen Sätze kontrastiv erhöht. § 2

A 3.1

Vgl. Kap. 24 A 10.

A 6

sine ullo duce – vallo fossaque communitis castris: Fähigkeit zu militärischer Disziplin ohne magistratische Führung; § 4
quieti – rem nullam nisi necessariam ad victum sumendo: es fehlen alle Merkmale einer meuternden, zügellosen Truppe;
neque lacessiti neque lacessentes: es gibt keine Übergriffe.
Von der Eigenmächtigkeit *(iniussu consulum)* abgesehen, erscheint die militärische Formation der Plebeier geradezu als ein Muster an soldatischer Selbstdisziplin, indem sie sich nicht nur vom Verhalten der

erregten Menge in Rom (vgl. 23, 13–14; 27, 8–9), sondern erst recht vom Verhalten der Senatoren im Senat (vgl. 28, 2; 29, 5–6) positiv abheben. Diese immanente Charakterisierung durch Kontrast ist ein durchgängiges Mittel des Autors.
Wie in 29, 4 zeigt sich das Bemühen des Autors, die *plebs* gegen den Vorwurf der *iniuria* (29, 4) sowie gegen die Einschätzung der *licentia* (29, 9) in Schutz zu nehmen.

A 7

§ 5 Wortfeld: *pavor – metus – timere:* § 1 *timor* (Schlüsselwort);
metus mutuus (Satz 1) wird in den Teilsätzen 2 und 3 erläutert.
timere – relicta ab suis plebis – violentiam patrum;
timere – residem in urbe plebem – patres.

A 11.1

§ 9–11 Metaphorische Wortverwendung im biologischen Bereich (membra):

consentire	quaerere	*consilium*
indignari	ferre	*sermo*
frui	*accipere*	*cura*
conspirare	*dare*	labor
domare	conficere	*ministerium*
velle	*alere*	voluptas
	reddere	*ira*
	dividere	*seditio*

Die überwiegende Anzahl der Metaphern entstammt dem Bereich sozialer Interaktionen, d.h. der biologische Sachverhalt wird mit Vorstellungen der politischen Sphäre gedeutet. Eine weitere Voraussetzung ist die Annahme ursprünglich selbständiger Teile, aus denen der Organismus zusammengewachsen ist.

A 11.2

in homine – Auffassung des Staates als Organismus
omnia in unum consentire – gemeinsames staatliches Bewußtsein der Bürger
singula membra – ökonomische und politische Gruppierungen
suum cuique consilium, suus sermo – Gruppeninteressen
indignatas reliquas partes – Empörung der *plebs*
sua cura, suo labore ac ministerio – Produktion, Dienstleistung, Erfüllung der bürgerlichen Pflichten
ventrem in medio – zentrale Stellung des Senats
quietum – keine unmittelbare Beteiligung an der Produktion
datis voluptatibus frui – Leben in Wohlstand
conspirasse – Boykott durch Auswanderung (Verschwörung!)
manus – Bauern, erzeugendes Gewerbe
os, dentes – verarbeitendes Gewerbe
ira – Wertung des politischen Vorgangs als Emotion
dum ventrem fame domare vellent – gewaltsames Durchsetzen der Interessen der *plebs* gegenüber dem Senat
ipsa membra – die *plebs: totum corpus* – die *res publica*
tabes extrema – äußerste Bedrohung durch mangelnde Versorgung im Innern und militärische Schwäche nach außen
inde apparuisse – Einsicht durch Erfahrung
ventris ministerium – politische Leistung des Senats
reddentem in omnes corporis partes – Verteilungsfunktion des Senats
maturum sanguinem – erhaltende Funktion des Senats
confecto cibo – seine Gegenleistung für die Gesamtheit

Absicht:
Notwendigkeit und Leistung der politischen Führung veranschaulichen; gegenseitige Abhängigkeit der politischen Gruppen erkennen lassen; Existenz der politischen Gemeinschaft sichern.
Die politischen und sozialen Ursachen der Entzweiung werden zwar angedeutet *(indignatas ...)* aber nicht behandelt!

A 11.3

Voraussetzung für die Anwendbarkeit der Fabel ist die Auffassung des Staates als Organismus; diese Vorstellung fällt wiederum mit der am Anfang beobachteten soziomorphen Deutung (Metaphorik) des biologischen Sachverhalts zusammen: ‚*In Wirklichkeit aber bestehen keine notwendigen Beziehungen zwischen beiden Größen: weder ist der Körper politisch-hierarchisch gegliedert, noch ist der Staat organisch konstruiert*‘ (Paul Barié, in: Die ‚mores maiorum‘ in einer vaterlosen Gesellschaft, Frankfurt 1973, S. 113/114 mit weiteren Anregungen zur Auswertung dieser Interpretation).

33 Kapitel 33

A 1

§ 1 Von dem durchgängigen Motiv der Schuldknechtschaft ist am Ende nicht mehr die Rede; jedoch bedeutet die staatsrechtliche Regelung des Volkstribunats keine Lösung dieses privatrechtlichen Problems: Die Divergenz von sozialem Motiv und politischem Resultat läßt auf eine Projektion der späteren sozialpolitischen Problematik in die frühe Zeit der Republik durch die Überlieferung schließen, wie sie auch sonst zu beobachten ist. Für diesen Schluß sprechen auch die folgenden Umstände:

a) unvermindert harte Formulierung des Vollstreckungsrechts in der Gesetzgebung (XII-Tafeln) um die Mitte des 5. Jh.;

b) gemilderte Form der Schuldknechtschaft erst seit der *lex Poetelia Papiria de nexis* vom Jahre 326 v. Chr.;

c) Verschwinden des *nexum* als Darlehenskontrakt gegen Ende der Republik; Übergang zur Vollstreckung in das Vermögen.

A 5.1–2

vgl. die Übersicht über den Aufbau der Erzählung am Beginn der Unterrichtseinheit.

A 5.3

Vgl. Kap. 23 A 13 (Zusatz)

A 5.4

Der Exposition (23, 1–2) entspricht die Lösung (33, 1–3). Den Rahmen der Erzählung verkörpern die beiden eindrucksvollen Gestalten des Veteranen (23, 3–6) und des Menenius Agrippa (32, 8–12); jener bringt durch seinen Auftritt das Geschehen in Gang, während dieser die Lösung des Konfliktes vorbereitet.

Buch II, Kap. 33, 3–40

Disposition in Akten, Szenen und Bildern

Akt	*Ort / Zeit / Personen / Geschehen*	*Textabschnitt*
0.1	Antium, Longula, Polusca, Corioli / Konsul (Postumius Cominius) / Feldzug gegen die Volsker / (493 v. Chr.)	33, 4–5
0.2	Corioli / 493 v. / Cn. Marcius, (exercitus Romanus, hostes) / Eroberung von Corioli; laus Marcii (cognomen)	33, 5–9
0.3	Rom / plebs / Begräbnis und Würdigung des Menenius Agrippa (Verknüpfung mit secessio plebis – Kontrast zu Marcius)	33, 10–11
0.4	Rom, Etrurien, Cumae, Sizilien; Volsker / Schwierigkeiten der Getreideversorgung; Seuche bei den Volskern, Anlage von Kolonien / (492 v.)	34, 1–6
1.1.1	Rom, Kurie / 491 v. / Senatoren / Verhandlungen über den Preis des sizilischen Getreides	34, 7–8
1.1.2	Kurie / Coriolan / Rede Coriolans vor dem Senat	34, 9–11
	(Reflexion des Autors über Erfolgsaussichten)	34, 12
1.2.1	Rom, Forum / plebs / empörte Reaktion auf Rede Coriolans	35, 1
1.2.2	Forum / Volkstribunen, plebs, Coriolan / Rettung Coriolans vor dem Volkszorn durch die Tribunen, Einleitung eines Verfahrens gegen ihn	35, 2–3
1.2.3	Rom / patres, clientes + plebs / Einflußnahme der patres für Coriolan	35, 3–5
1.2.4	(Ortswechsel) Rom – Volsker / Coriolan, in Abwesenheit verurteilt, geht ins Exil zu den Volskern	35, 6
2.1	Gebiet der Volsker / Volsker + Corolian / freundliche Aufnahme des Verbannten	35, 6
2.2	Haus des Attius Tullius / Coriolan + Attius T. / Komplott zur Aufwiegelung der Volsker gegen Rom	35, 7–8
	Exkurs: Das prodigium des Titus Latinius als Grund für die Wiederholung der ludi Romani	36, 1–8
3.1.1	Rom / Wiederholung der Spiele unter Beteiligung der Volsker	37, 1
3.1.2	Rom / Attius Tullius + Konsuln / Trugrede des Attius T.	37, 2–7
3.1.3	Senat / consules, patres / Senatsbeschluß über Ausweisung der Volsker	37, 8
3.1.4	Rom / Volsker / Entrüsteter Auszug aus Rom	37, 9
3.2	caput Ferentinum / Attius Tullius, Volsker / 2. Rede des Attius Tullius vor den Volskern	38, 1–5
3.3	Gebiet der Volsker / Volsker, Attius Tullius, Coriolan / Mobilmachung, Wahl der beiden Anführer	38, 6–39, 1
4.1	Latium / Coriolan, Volsker / Siegeszug durch Latium, Plünderung des römischen Gebietes	39, 2–6
4.2	Rom / patres, consules + plebs / Abwehrmaßnahmen, plebs drängt auf Verhandlungen	39, 7–9

4.3	Rom – Lager Coriolans / patres, oratores; Coriolan; sacerdotes / drei vergebliche Gesandtschaften	39, 10–12
5.1	Rom, Haus der Mutter des Coriolan / Veturia, Volumnia, matronae Romanae / Versammlung und Beschluß einer Bittprozession zu Coriolan	40, 1–2
5.2	Vor dem Lager Coriolans / matronae, Coriolan, familiaris / Ankunft der Frauen beim Lager	40, 3–4
5.3.1	Lager Coriolans / Coriolan + Veturia / Rede der Mutter	40, 5–9
5.3.2	Lager / Coriolan, uxor, liberi, mulieres; Volsci / Nachgeben Coriolans, Abzug der Volsker	40, 9–10
	Epilog	
	Schicksal Coriolans; Ehrung der Frauengesandtschaft	40, 10–12

33 Kapitel 33

A 4.2

§ 6 Das belagernde römische Heer, der Form nach noch in der Initiative (*obsidentem – clausos habebat – intentum:* Aktiv!), gerät durch die Zangenbewegung des gleichzeitigen Entlastungsangriffs und Ausfalls (*Volscae legiones invasissent – erupissent hostes:* Chiasmus) in die Rolle des Betroffenen (Objekt); die Gegner bestimmen das Gesetz des Handelns (Subjekt). Aus dem Hintergrund (NS) dieses plötzlichen *(cum subito)* und schwer überschaubaren Umschwungs der vielschichtigen Situation (Blickpunkte: Römer, Einwohner von Corioli, Volsker von Antium, Besatzung von Corioli) tritt ein Ausschnitt *(statio)* mit dem Hauptakteur in den Vordergrund (HS).

A 5.1

ignis *imminentibus muro aedificiis iniecta*
clamor *oppidanorum, muliebris puerilisque*
ploratus

A 5.2

§ 4–8 Das Sachfeld Krieg/Kampf läßt sich in drei durch ihre Assoziationswirkung lernfördernde Gruppen ordnen: ***bellum*** *(extrinsecus)*

a) **Heer**	b) **Belagerung**
exercitus	*obsidere/intus clausos habere*
legio	*magna vi adoriri*
castra	*moenibus potiri/oppidum capere*
statio	*ignem inicere*
	impetum retundere
hostes	*opem ferre*
Schrecken	c) **Bewegungen**
terror	*irrumpere/invadere – erumpere*
ignis	*proficisci*
caedes	*compellere*
clamor	*fundere/fugare*
ploratus	*persequi*
Ruhm	
laus	
fama	
memoria	

Dieses Sachfeld kann aus GAWS Nr. 58 ergänzt werden. Mögliche Oberbegriffe für überschaubare Kleingruppen sind: Vorbereitung, Angriff, Abwehr, Kampf, Verwundung, Überwindung, Flucht, Folgen; Heerwesen: Befestigung, Ausrüstung, Ränge und Funktionen.

A 6.1

§ 7–8 *effusae per domus flammae – ignis aedificiis iniecta*
diversi clamores – clamor oppidanorum
infantium feminarumque ploratus – muliebris ... ploratus

A 6.2

miseratio urbium captarum; in adfectus penetrare; aperire, quae verbo uno inclusa erant; consequi, ut manifesta sint, si fuerint veri similia.
licebit etiam falso adfingere, quidquid fieri solet (Topik)

A 6.3

Die Darstellung dient als anschaulicher Rahmen für die entscheidende militärische Leistung Coriolans – eine Komponente seiner Charakterisierung.

A 8.2

laus – aktuelles Verdienst und Anerkennung
fama – mündliche Überlieferung, dauernde Kunde
Das Lob des Marcius (Sperrung, Subjekt in Schlußstellung) verhindert, daß man vom Konsul spricht: er bleibt neben Marcius folgerichtig anonym. Sein Name taucht erst nach langer Verzögerung am Ende des NS auf – ‚beinahe vergessen'.

A 9

§ 7–9 Cn. Marcius: § 5 *inter primores iuvenum; adulescens et consilio et manu promptus; cognomen Coriolanus.*
§ 7–9 *impetum retudit; ferox inrupit; ignem iniecit; sua laude obstitit famae consulis.*
Die §§ 10–11 mit der Würdigung des Agrippa Menenius wurden bereits in der vorangehenden Einheit zu 13, 12 herangezogen. Der Einschub ist äußerlich durch das annalistische Prinzip der Darstellung bedingt; kompositorisch bedeutet er die Verknüpfung der beiden Erzählungen durch den Kontrast beider Persönlichkeiten und ihrer Haltungen – vgl. auch die Gegenüberstellung beider Gestalten bei Shakespeare und Brecht!

Kapitel 34 34

§ 1 § 1 *domi sanata discordia* nimmt die Einrichtung des Volkstribunats (33, 1) wieder auf; *per secessionem plebis* greift auf 32, 2–4 zurück. Nach dem militärischen Exkurs *(Corioli – Coriolanus)* überbrükken beide Verweise die annalistische Zäsur und stellen den innenpolitischen Erzählstrang wieder her.
Nicht nur wegen dieses Zusammenhanges, sondern auch wegen des späteren Vergleichs (A 8.2) ist die Übersetzung von 32, 1–7 und 33, 1 zu empfehlen, falls die Schüler die Einheit III nicht bearbeitet haben.

A 2.3

Vgl. A 10 § 2–4

A 8

Die Rede Coriolans vor dem Senat bildet den ersten inhaltlichen und methodischen Schwerpunkt innerhalb dieser Lektüre-Einheit mit ihren 4 Reden. An der oratio recta wird der fiktive Charakter der Legende, die aus der Tradition der *gens Marcia* in die römische Überlieferung übernommen wurde, besonders gut sichtbar. Für die historische Erkenntnis ist der Text als freie Erfindung des Autors im Anschluß an die Überlieferung gegenstandslos (vgl. Kap. 33 A 6.2); in bezug auf den Autor jedoch, seine Arbeitsweise und seine Absichten, bildet die Rede ein vorzügliches Mittel der Erkenntnis. § 9–11

A 8.1

Ausdrucks-Ebenen des Textes:

Satzebene:
kurze Begehrsätze (sarkastische Aufforde-

rungen) und rhetorische Fragen (Empörung, Ironie): Affekt statt Argumentation.

Formebene:
Personalformen: Überwiegen der 1. P. Sg., zweimal durch *ego* hervorgehoben: Marcius stellt seine Person und seine Wertungen in den Vordergrund; er bemüht sich nicht um die Solidarität des Standes.
Modus: Konjunktiv als Iussiv und Dubitativ: bedrängender, geradezu hämmernder Tonfall dieses Ausbruchs.

Ebene der Wortstellung:
Iussive in Spitzenstellung: *secedat, avocet, (patet), rapiant (rapuere), fruantur (fecere).*
Parallelismus und Chiasmus zur Kontrastierung der Antithesen: *(si) annonam veterem volunt, ius pristinum reddant;*
(cur ego) plebeios magistratus, Sicinium potentem (video), sub iugum missus, (t.) ab latronibus redemptus;
Tarquinium non tulerim, Sicinium feram;
domitos ... cultores agrorum fore
armati ... coli prohibeant.

Bedeutungsebene:
Oppositionen als semantische Komponente der Antithesen: *vetus – pristinus, plebeios magistratus – latrones, Sicinius potens – (C.) sub iugum missus, domiti – armati, cultores fore – agros coli prohibere.*
Funktion der Antithese: strukturierende Wahrnehmung der Wirklichkeit.
Übertreibende Vergleiche, Metaphern,

Reizworte: *Sicinius = Tarquinius; secessio = furor; indignitates;* Erfolg der *secessio* = militärische Niederlage und Sklaverei (vgl. 33, 1 *concessum in condiciones = sub iugum missus; ut plebi sui magistratus essent = ab latronibus redemptus*): Beschreibung innenpolit. Interessengegensätze mit militärischen Begriffen (‚Feindbild').

A 8.2

Durch seine vorangehende Darstellung (32, 2–4; Außenperspektive) erweist der Autor die Darstellung Coriolans (bes. 34, 10; Innenperspektive, Charakterisierung des Sprechers) als übertrieben und unrichtig: vgl. 34, 10 *rapuere* – 32, 4 *rem nullam nisi necessariam ad victum sumendo;*
furor – quieti
(agros) coli prohibeant – neque lacessentes

A 8.4

Diente Kap. 33, 7–9 (vgl. 33 A 9) zur Charakterisierung des hervorragenden Soldaten und seiner Verdienste für die Gemeinschaft – vgl. später seine militärischen Erfolge 39, 2–4 –, so wird mit dem Mittel der direkten Rede (34, 9–11) der exponierte Standes- und Machtpolitiker sichtbar gemacht *(indignitates; diutius pati quam necesse est?; malo domare).* Er zeigt keine Verantwortung für das Ganze, sondern vertritt Gruppeninteressen in einer Form, die weder der Funktion noch dem Selbstverständnis einer politischen Führung entspricht (vgl. dazu etwa die Prinzipien in der Rede des Consuls Servilius II 24, 4–5). Damit ist das Spannungsverhältnis im Wesen des Protagonisten offengelegt und der Konflikt programmiert: Die politische Provokation der Rede gefährdet nicht nur die *concordia,* sondern auch die Solidarität des eigenen Standes (vgl. den ersten Satz und das weitere Verhalten der Senatoren im folgenden Kapitel).

A 10

Sachfeld ‚Getreideversorgung' Kap. 34, 2–4 und 7–12: § 7–1

Situation: *agri inculti – caritas annonae – fames/interitus plebis*

Gegenmaßnahmen:
frumentum coemere/quaerere/
mittere ad frumentum coemendum,

frumentatores,
artae commeatus
frumentum Tiberi venit
vim frumenti advehere
plebem frumento sustentare

Preispolitik:
caritas annonae
annona vetus
annonam laxare
annona frui

35 Kapitel 35

A 1

§ 1 Der Einleitungssatz greift einerseits auf die Szene 34, 7–11 zurück und blendet gleichsam die ‚Straße' als neuen Schauplatz ein. Die Wortstellung macht eine Wirkung der Rede sichtbar: Die beiden Parteien werden durch die *sententia atrox* auseinandergedrängt; Coriolan gerät zwischen ihnen in die Isolierung (Zwischenstellung von *sententia*). Eine zweite Wirkung geht von der Wortverwendung (*ira* in Subjektsposition, *abstractum pro concreto*) aus: Der Affekt erfaßt die Masse bis zur Gewalttätigkeit; Leitmotiv der folgenden Szene.

A 2.3

fame peti/cibo victuque fraudari/frumentum ab ore rapi = Belagerung einer Stadt; *mori aut servire* = Alternative von Belagerten; *vincti tribuni, de tergo satisfieri, carnifex* = Forderungen eines grausamen Belagerers. Die Bilder der *plebs* respondieren den militärischen Bildern Coriolans in 34, 9.

A 3

§ 2 Coriolan, *hostis tribuniciae potestatis* (34, 8), wird durch die Befugnis eben dieser Tribunen vor den Übergriffen der Menge geschützt.

A 5

plebem ira prope armavit (crescendo) – *impetus factus esset* (Höhepunkt) – *ira est suppressa* (decrescendo). § 1–2

A 6

auxilii, non poenae ius datum § 3
illi potestati
plebisque, non patrum
tribunos esse;

Parallelismus der beiden Gegensatzpaare unter Voranstellung der gesetzlichen Funktionen (vgl. 33, 1 *plebi sui magistratus ... auxilii latio adversus consules).*

A 7.1

Einerseits benötigen die Patrizier einen ‚Sündenbock', um sich als Gesamtheit von der politischen Ächtung *(invidia)* loszukaufen; andererseits fordert die Solidarität mit dem (Standes-)Genossen die private und öffentliche Unterstützung. § 3–4

A 7.2

Die Gliederung des Teilsatzes *(qua ... qua ...)* nimmt das unterscheidende Merkmal der beiden folgenden Sätze vorweg:
suis quisque *(viribus):* *dispositis clientibus* ***singulos ...***
totius ordinis *viribus:* ***universi*** *processere*

A 8.1–2

resistere invidiae: § 4–5
suis viribus uti:
disponere clientes
absterrere a conciliis
disicere rem
– politischer Einfluß des einzelnen durch seine Clientel;
totius ordinis viribus uti:
universi processere
precibus exposcere
– Solidarität der Adelsfamilien aufgrund gemeinsamer Standesinteressen;
unum civem: Appell an die politische Gemeinde (Verdienste Coriolans)
unum senatorem: Appell an die gesellschaftliche Ordnung (Rang, Prestige).

A 8.3

§ 5 Die Provokation des Marcius hat die machtpolitisch günstige Ausgangslage (34, 8 *tempus premendae plebis*) in das Gegenteil verkehrt: die *plebs* in der Rolle des Richters (35, 2 *se iudicem quisque, dominum factum videbat*) – die Senatoren als Angeklagte *(reos diceres)* und Bittsteller *(precibus plebem exposcentes)*.

A 9.2

§ 6 Einleitungssatz: Wirkung der Rede auf a) *patres* und b) *plebs;*

§ 1–2: b) *plebem ira armavit – impetus – ira suppressa;*

§ 3: Marcius zwischen den Fronten: *tribuni, plebs – patres;*

§ 4–5: a) *patres restiterunt quisque ... universi;*

§ 6: Marcius isoliert, Wechsel des Schauplatzes, neues Bündnis (Volsker).

Der Einleitungssatz nimmt also bereits die Gliederung der ersten Hälfte des Kapitels (§ 1–5) in chiastischer Zuordnung vorweg; ebenso erweist sich die Isolierung Coriolans nach beiden Seiten – die Wortstellung des Einleitungssatzes wiederholt sich in § 3 *infensa plebs – unius poena – patribus* – als Kompositionsprinzip der ganzen Szene 35, 1–6. Die Einheit dieser Szene wird konstituiert durch den gemeinsamen Ort, die zentrale Rolle des Marcius, die Reaktion der beiden Parteien auf ihn sowie durch das an- und abschwellende und zuletzt konstante *ira*-Motiv (§ 6 *perseveratum in ira est*). Die Gliederung in zwei Abschnitte ergibt sich aus der Dominanz der Akteure sowie durch die zeitliche und räumliche Abfolge. (Gegen einen weiteren Einschnitt nach § 3 spricht die enge syntaktische Verknüpfung: *patribus restituerunt ...*)

A 10.1

§ 2–6 *Sachfeld ‚iudicium'*

Rollen und Funktionen:

iudex:
dominus vitae necisque;
innocentem absolvere
pro nocente donare
absentem damnare
reus: die dicta adesse
exulatum abire
clientela, patres:
disicere rem, procedere
precibus exposcere
poena: exilium; damnari
tribuni: diem dicere;
potestas, ius auxilii

Das Sachfeld läßt sich aus GAWS Nr. 56 – strukturiert durch die Funktionsbegriffe *iudex, actor, reus, (patronus)* sowie durch die Oberbegriffe *causa* und *poena* – erweitern.

A 12

Binnengliederung und übergreifende Einheit erweisen sich als komplementäre Aspekte: Gliederung in Szenen durch Ortswechsel Rom – Volsker; Verknüpfung durch *ira*-Motiv: § 6
perseveratum in ira est – ira in suos;
minitans patriae – minae percipiebantur.

A 13

Alliteration: *Venientem Volsci;*

Komparation: *benigne – benignius; quo maior ira;*

Anapher und Klimax: *nunc querelae, nunc minae percipiebantur.*

Der Empfang überrascht angesichts des Schadens, den Coriolan den Volskern zugefügt hat; seine Einstellung läßt ihn jedoch rasch zu einem Parteigänger werden, der gegen Rom nützlich sein kann.

A 14

hospitio uti: princeps Volsci nominis, Romanis infestus. § 7

alterum (a) *vetus* (b) *odium* (c)
con*silia* **con***ferunt*
alterum (a) *ira* (c) *recens* (b)

Die gleiche Ausrichtung (Parallelismus) unterschiedlich motivierter und gelagerter Haltungen (Chiasmus, Bedeutungsgegensatz) führt zu Gemeinsamkeit (Anapher).

A 15, 2–3

§ 8 *spiritus* (metaph.): Begeisterung, Stolz *(spirare/anima)*;
animus: Bereich des Mutes innerhalb der verschied. geistig-seelischen Vermögen;
odium (vetus) – vetustate exoletum: (durativ) Einstellung;
ira (recens) – recens: (punktuell) aktueller Affekt.

A 16.2

Gliederung der Erzählung in ausgewogene Einzelszenen bei thematischer Bindung innerhalb der einzelnen Kapitel, vgl. Gesamtaufbau der Erzählung.

Kapitel 37

37

A 2.3

Die Sentenz soll herausgehoben werden. Sie begründet das vorangehende *cautum* und wird im folgenden Satz aus der Erfahrung belegt. Dieser Zusammenhang und der enge pronominale Anschluß *(id sensimus)* können eine Verschiebung der Paragraphengliederung nach *simus* nahelegen.

A 3.1

Obwohl Attius Tullius von sich spricht § 8
und das wohlverstandene Interesse der Volsker vorschützt, berührt jede seiner Äußerungen Erfahrungen, Sichtweise und Interesse der Römer. Seine Intention (sofortiger Ausschluß der Volsker) wird mit seiner persönlichen Entscheidung am Ende angeregt, bleibt aber unauffällig. Doppelaspekte der jeweiligen Redeabsicht:

a)	b)
1. Abwehr eines Verdachtes	peinliches Empfinden seiner Rolle
2. Vorsicht	vorsorgliches Verhalten
3. in der Erfahrung begründetes Urteil	kritische Distanz und realistische Einschätzung
4. Selbstverständnis röm. Außenpolitik	Einsicht in realpolit. Verhältnisse
5. bedrohlich große Zahl von Fremden angesichts der Arglosigkeit der röm. Festgemeinde	Fähigkeit zur zutreffenden Analyse der Situation
6. verdeckter Appell an negative Erfahrungen (exemplum)	Fähigkeit zu historischer Einsicht
7. latente Gefahr unbedachter Handlungen	Berücksichtigung menschlicher Verhaltensweisen
8. gemeinsame Interessenlage	Verantwortungsbewußtsein
9. Alibi gegen Verdacht einer Führungsrolle	konsequente Haltung
10. Gefahr einer erneuten Verletzung der *religio* nach den jüngsten Erfahrungen (vgl. Kap. 36)	religiöse Scheu

A 3.2

Für die Absicht einer solchen Trugrede kommt es nach der immanenten Aussage des Autors darauf an, die Glaubwürdigkeit des Sprechers und seiner Überlegungen aus seiner eigenen Interessenslage, zutreffender Einschätzung der Situation und konsequenter Haltung zu begründen. Der Appell an Erfahrungen, Einstellungen und Interssen der Adressaten muß unaufdringlich sein und sollte keine Ratschläge oder Handlungsanweisungen enthalten.

A 3.3

rem dubiam – sub auctore certo / auctor magis – quam res:
Die beiden für die Beurteilung wichtigen Aspekte des Vorgangs erscheinen der Entgegensetzung entsprechend in der Gegenbewegung des Chiasmus; in der Fuge erhält der *auctor* das Gewicht, das die Kunst seiner Rede beabsichtigt hat, wobei die in Kap. 36 geschilderten Erfahrungen der Römer seinem Erfolg günstig waren.

A 4.3–4

§ 9 Trikolon, Klimax, wachsende Glieder; Alliteration, Homoioteleuton, Klimax.

38 Kapitel 38

A 1.2

§ 1

37, 9	38, 1
discurrentes	*continuato agmine irent*
proficiscentibus	*ut quisque veniret*
abactos esse	*deduxit*
pavor primo	*querendo*
deinde indignatio	*indignandoque*
	ira

A 2.1

§ 2 *veteres iniurias cladesque = hodiernam contumeliam / per nostram ignominam;* Ehrgefühl, Selbstachtung, Stolz (vgl. *spiritus* 35, 8)

A 2.2

§ 3 Nicht nur die Römer, sondern ganz Latium und die Nachbarvölker nehmen an dem schmachvollen Schauspiel teil; appellierende Anapher *vestras – vestros;* sogar Frauen und Kinder werden im Triumphzug als Beute mitgeführt.

A 2.3

a) Trikolon: *quid, qui audivere ... videre ... fuere obvii* (Anapher);
b) *civibus, peregrinis, tot finitimis populis* (Klimax);
c) *ab sede piorum, coetu consilioque* (Alliteration).
Funktionen:
a) Totalität der Wahrnehmung;
b) geographische und moralische Ausweitung (Achtung bei den Nachbarn);
c) Ausschluß aus der kultischen sowie aus jeder freiwilligen oder veranstalteten Gemeinschaft der Menschen.

A 3.1

vivere – moriendum; profectio/fuga; hostes/bellum; viri! § 5

A 3.2

§ 2 *contumelia/ignominia* – Schmach § 2–5
§ 3 *triumphatum* – Unterwerfung
§ 4 *ignominoso agmini; abigi* – Ausschluß aus jeder Gemeinschaft
§ 5 *moriendum* – Tod

hostes; bellum; viri – es bleibt nur der Kampf.

A 3.3

Rhetorische Fragen mit sich steigernden, emotional besetzten Motiven; Provokation des Affekts (vgl. § 6 *irarum pleni et incitati*); Ausschaltung der *ratio* und der negativen Erfahrungen im Krieg.
Vergleich: Rede Coriolans vor dem Senat Kap. 34.

A 5

Synonymie; Hyponymie (*Volscum nomen* als Oberbegriff). § 6
ira – Motiv: *secunda irae verba – irarum pleni.*

Kapitel 39 39

A 1.3

§ 1–5

bellum	*colonos expellere*
imperator	*urbem liberam tradere*
dux	*oppidum adimere/recipere/capere*
custos	*ad urbem ducere; castra ponere*
populator	*agrum populari*
exercitus	*agros intactos servare*

A 2

§ 2 semantisch: auslösende Ursache – Zweckursache
syntaktisch: Prädikativum – Adverbiale
psycholog.: Einstellung – Taktik

A 3

§ 7 Orts- und Szenenwechsel, kompositorisch überbrückt durch
a) Syntax: Relativer Satzanschluß
b) Wortwahl: *oreretur – orta esset*
c) Motiv: *discordia inter patres plebemque – ferocem plebem in primores civitatis*
d) Wortstellung: chiastischer Bezug

A 3.3

instigabant: vgl. 38, 6 *instigando:* Motiv der Volksverhetzung

A 5.1

§ 8 Zweigliedrigkeit in paralleler Anordnung der Akteure.

A 5.2

Die Kommandeure *(eos)*, noch aktiv mit ihren militärischen Aufgaben beschäftigt (Partizipia), werden zu Werkzeugen (Objekt) des Volkswillens; die Masse (Subjekt) übernimmt die Initiative in zwei Phasen (Prädikate).

A 5.3

Umschlag der Initiative zwischen Akteuren in einem Spannungsfeld. Vergleichspunkte: erster Hauptakteur noch aktiv (Partizipalkonstruktion), aber vom anderen bereits aus der Schlüsselstellung (Subjekt) in die Rolle des Betroffenen (Objekt) verdrängt.

A 5.4

Konsequente Zweigliedrigkeit (Partizipia, Prädikate, abh. Infinitve), entsprechend den beiden Parteien und ihren Vorstellungen (vgl. § 8). Anders 38, 4: Dreigliedrigkeit; Rollen: Volsker, Römer, Festgäste.

A 5.5

militärische Maßnahmen
spem in armis ponere
legiones recensere
praesidia distribuere
statio/vigiliae

Verhandlungen
omnia quam bellum malle
pacem poscere
senatum vocare
referre ad senatum de legatis mittendis

A 5.6

Chiasmus der verschiedenartigen Tätigkeiten: *recensentes legiones – praesidia distribuentes;*
unterschiedliches räumliches Ausgreifen dieser beiden Tätigkeiten (2: 12);
Hendiadyoin (Aspektwechsel): *stationes vigiliasque;*
Alliteration (Eindringlichkeit): *praesidia per muros, pacem poscentium*
Unterschiedliche Ausdehnung der beiden Maßnahmen: *vocare* (2): *referre* (6)
In der Sperrung von Subjekt und Prädikat im HS *(multitudo ... coegit)* erweist sich die Menge als Herr der neuen Lage.

A 6.1

agrum reddere – agere de pace § 11
praeda belli frui – adniti, ut appareat ...

A 6.2

civium iniuria – hospitum beneficia; animi inritati – (non) fracti.

A 6.3

Amtshandlungen der Konsuln § 9–12
legiones recensere
praesidia distribuere
senatum vocare
referrere ad senatum de ... (relatio)

Verhandlungen
legatos/oratores mittere de pace
agere de pace
responsum referre (→)

non recipi in castra
supplices ire in castra
animum flectere

A8

§ 1–4 Perf. hist.: Kriegsbericht
§ 5–6 dramat. Präs.: aktuelle Bedrohung Roms
§ 7–8 Imperfekt (durativ/iterativ/konativ): Situation in Rom
§ 9–10 Perf. hist.: Situationswechsel, 1. Gesandtschaft
§ 12 Praes. hist. / konstat. Perf.: 2. und 3. Gesandtschaft

A9

Coriolan: *imperator omnium sententia lectus; exul Romanus, in quo aliquanto plus spei repositum; quam spem nequaquam fefellit;*
(dux validus) expulit – traducit – ademit – recepit – cepit – ducit – populatur agrum Romanum, patriciorum agros intactos servat, sive infensus plebi sive ut discordia oreretur.
atrox responsum: memor, adnisurus, animi exilio inritati, non fracti; iterum missos non recepit, (non flexus animo).

40 Kapitel 40

A1.1

§ 1 In der Sperrung von Subjekt und Prädikativum umringen die Frauen die beiden Hauptpersonen, die durch ihre gemeinsame Beziehung zu Coriolan *(apo koinou)* miteinander verbunden sind. In dieser Verbindung steht Veturia als Hauptperson und Mutter voran.

A2.2

§ 2 *Volumnia – **duos parvos** – ex Marcio – **ferens – filios secum:*** abbildende Sperrung: Sie trägt oder führt auf jeder Seite einen der Söhne.

A2.3

quoniam armis (a) *viri* (b) *defendere urbem* (c) *non possent,*
mulieres (b) *precibus lacrimisque* (a) *defenderent* (c).
Chiastische Zuordnung als Ausdruck des Gegensatzes von Geschlecht und Mittel; Hendiadyoin mit Aspektwechsel und Steigerung vom Aussageinhalt zum physischen Ausdruck; Anapher *(defendere)* parallel als Ausdruck der gleichgerichteten Intention.

A3

matrona: Würde der verheirateten Frau
mater, uxor: Verwandtschaftsbeziehungen
mulier: Geschlechtsbezeichnung, Aspekt der physischen Schwäche
coniunx, mater: enge Bindung durch Ehe und Geburt

A4.1

nec publica maiestate (a) *in legatis* (b) § 3
nec in sacerdotibus (b) *tanta offusa oculis animoque religione* (a)

A4.2

offusa oculis animoque: sacerdotes suis insignibus velatos isse suplices; die Gesandtschaften entfalten – wie später die Rede der Veturia – den Appell an die *pietas* des Marcius in drei Aspekten: Die berufenen Vermittler zu den Göttern der *patria* repräsentieren mit ihren Attributen die oberste Bindung des Bürgers. Ihre Unterwerfung *(supplices)* bedeutet daher eine äußerste Geste und den Appell an Scheu und Ehrfurcht *(religio),* gegen diese Götter das Schwert zu erheben, nachdem die *publica maiestas* der *patria* keine Wirkung gezeigt hat.

A4.3

Der Appell des Frauenzuges gilt dem Mitleid mit der Schwäche und Trauer als Hintergrund und Kontrast zu der Haltung, die Veturia einnehmen wird.

A 6.1–2

§5 Ausgangssituation §4:	Veturia:
multo obstinatior adversus lacrimas muliebres	
prope ut amens – irrationale Verhaltensänderung	*insignis maestitia*
consternatus – Verstörtheit	*stans*
ab sede sua – spontane Bewegung	*ex precibus*
complexum ferre – Geste der Vertrautheit	*in iram versa*
Wandlung von äußerster Verhärtung zu liebevollem Entgegenkommen	Wandlung von Trauer in Zorn

A 6.3

Die Wandlung Veturias (das *ira*-Motiv nach 38, 6 hier zum letzten Mal im Finale) läßt sich unterschiedlich deuten:

a) spontaner Ausdruck des Affektes: Entrüstung über die Verttraulichkeit des Sohnes angesichts ihrer beider Situation und der Verletzung aller Normen durch Coriolan;

b) bewußter Einsatz des Affektes: Aufgrund von Coriolans Reaktion (Erschütterung und spontane Geste der Zuneigung) sieht sie eine Möglichkeit, ihren Sohn entscheidend zu beeinflussen.

A 6.4

Der Wechsel in der Wortwahl *(mater/mulier)* ist besonders wirkungsvoll: Die Mutter verwandelt sich vor der vertraulichen Geste des erschütterten Coriolan in eine fremde alte Frau, die seine Umarmung zurückstößt. Dabei steht die Nebenbedeutung der Schwäche (vgl. die Kontexte 40, 1 *muliebris timor;* 40, 3 *lacrimae muliebres*) in eindrucksvollem Kontrast zur Kraft ihrer Rede und zur Bedeutung ihrer Rolle, die sie spielen wird.

A 7

§5 Entsprechend dem Umschwung ihrer Empfindungen beginnt Veturia mit einer Forderung *(sine sciam)* als Bedingung *(priusquam accipio):* Aus einer Bittstellerin erhebt sie sich in eine starke Verhandlungsposition.

Die zweifache Bedeutungsopposition *(hostem – filium; captiva – materne),* durch den Parallelismus unterstrichen, stellt die Situation in einer sich gegenseitig ausschließenden Antithese dar, um Coriolan in die Entscheidung zu zwingen.

Die Parallelität der *gradatio in peius* *(longa vita – infelix senecta; exulem – hostem)* macht die völlige Abhängigkeit ihrer Situation als Mutter vom Verhalten ihres Sohnes sichtbar. §6

Im folgenden werden im Prozeß der räumlichen Annäherung Bilder und Ausschnitte vor Augen gestellt, welche den Appell an die *pietas* in ihren Komponenten *(patria, parentes, liberi)* symbolisieren. In der Konfrontation mit Coriolans Verhalten wird seine Verkehrtheit sichtbar: §7

Coriolan	Bilder
populari	*terra* (*quae te genuit atque aluit* – Kindheit!)
animus infestus	*fines*
animus minax; ira	*Roma: moenia, domus; penates, mater; coniunx, liberi.*

Den vier unwilligen Fragen (§6/7) folgen zwei irreale Aussagen, in denen Veturia die von Coriolan verschuldete Sinnverkehrung ihrer Mutterschaft bis zum Oxymoron zuspitzt: §8

ego – parere filium – libera – mortua essem (Prolepsis)

Roma – oppugnari – in libera patria (Polyptoton)

Dem Tempuswechsel *(sum – futura sum)* entspricht der Blickwechsel *(de his videris)* auf Frauen und Kinder der nachfolgenden Generationen. §9

Anm.: Zur Weiterführung und Auswertung dieser Unterrichtseinheit stehen in den *Pontes* die Materialien und Ausführungen von J. A. Mayer zur Verfügung.

Livius VII 9, 9–10 und seine Quelle Claudius Quadrigarius

Erwartungsrahmen für den abschließenden Vergleich der Darstellung des Kampfs des T. Manlius mit dem Gallier bei Claudius Quadrigarius und Livius

A 1.1

Q: Brücke in der Mitte des Textes als Ort des Zweikampfes; Einführung nicht motiviert; Rolle unbedeutend.
L: Brücke gleich zu Beginn zweimal genannt; zentraler Blickpunkt der ganzen Szene; besonderer Anlaß des Geschehens.
Funktion: Motiv für die besondere Art der Entscheidung durch Zweikampf.

A 1.2

Q: Höhepunkt des Kampfes.
L: unentschiedene Situation, Waffenruhe.
Funktion: größere Wahrscheinlichkeit; Steigerung der Wirkung durch die leere Brücke.

A 1.3

Q: Herausforderung eines Einzelkämpfers ohne Motiv und Konsequenzen.
L: Herausforderung Roms; Vergleich der kriegerischen Tüchtigkeit beider Völker; Entscheidung des Krieges.
Funktion: Aufwertung zu entscheidender Bedeutung; Anlaß zu grundsätzlichem Vergleich zwischen Römern und Barbaren.

A 1.4

Q: Gallier: Waffen und Schmuck; körperliche Eigenschaften und *virtus*.
Manlius: Abstammung, frühere Bewährung *(pietas)*, Gang zum Diktator *(disciplina)*.
Funktion: Gallier: Straffung der Charakterisierung beim ersten Auftreten; Verlagerung auf späteren Vergleich.
Manlius: Qualifikation durch frühere Bewährung; Umwandlung der emotionalen Reaktion *(perdolitum est)* in disziplinierte Haltung *(pergit ad dictatorem)*.

A 1.5

Q: äußere Erscheinung, soziale Herkunft, Verhalten, Reflexion.
L: außerdem: zurückliegendes Verhalten, Vergleich, Selbstdarstellung der handelnden Person, Äußerungen beteiligter Personen.
Funktion: Bereicherung, szenische Verlebendigung.

A 1.6

Q: Beim ersten Auftreten.
L: Vor dem Zweikampf.
Funktion: Unmittelbare Bedeutung der Bewaffnung für den Verlauf des Kampfes; Umstellung zum Zweck des Kontrast-Vergleichs.

A 1.7

Q: (*cinctus* PPP) bloßes Faktum, statisch.
L: (*armant, capit, cingitur* – Präsens) Beteiligung der Altersgenossen (Identifikation mit Repräsentanten); Schilderung als Verlauf; abbildende Wortstellungen.
Funktion: lebhafte szenische Aktion; Anschaulichkeit der Gesten in der Sprache.

A 8.1

Q: beim Ausbleiben einer Reaktion auf die erste Aufforderung des Galliers.
L: bei der Gegenüberstellung beider Kämpfer.
Q: Verstärkung der Herausforderung (Provokation).
L: Geste des Hochmutes bzw. der Verachtung.
Deutung: Bei Q. hat die Geste Funktion für den Verlauf der Handlung; bei L. ist daraus ein Element der Charakterisierung geworden.

A 1.9

Q: Subjektswechsel bzw. Verflechtung der Aktionen in beiden Sätzen; Wiederholung von Aktionen *(iterum)*.
L: Aufteilung der Aktionen in zwei Sätze ohne Subjektswechsel; Einsatz des gallischen Langschwertes; veränderte Folge des Angriffs; andere Art der Verwundung.
Deutung: Straffung bzw. Geradlinigkeit des Verlaufs; Bedeutung der Bewaffnung unterstrichen.

A 1.10

Q: Abschlagen des Kopfes, um an den Halsring zu gelangen.
L: Leiche des Gegners bleibt unangetastet.
Deutung: (menschen-)würdiges Verhalten des Römers.

A 1.11

Q: vom Autor als Folgerung angeführte Bemerkung.
L: Beiname wird in der Situation von Kameraden erfunden.
Deutung: Aktion in Schilderung einbezogen bzw. aus dem Geschehen heraus entwickelt.

A 1.12

Erweiterungen bei **Livius:** *dictator, aequales*.
Funktion: Verkörperungen des Staates und der Gemeinschaft bzw. Legitimation des Manlius als Repräsentant; zugleich Bestandteile der mehrschichtigen Ringkomposition.

A 1.13

Q: indirekte Rede (Gallier); Reflexion (Manlius).
L: direkte Reden; mehrteiliger Vergleich.
Funktion: Verlebendigung durch szenische Aktion; Bereicherung der Charakterisierung und Motivation.

A 2

Intentionen der Darstellung bei Livius (Zusammenfassung)
symbolhafte Aufwertung des Einzelgeschehens;
Herausarbeitung innerer Grundwerte, Humanisierung;
szenische Verlebendigung bzw. Dramatisierung (Dialoge, Vergleich mit Schauspiel, Ausweitung der Zahl der Akteure);
Bereicherung der Charakteristik;
Anschaulichkeit durch die *compositio verborum;*
gesteigerte Spannung (Retardationen, vgl. Dramatisierung);
kompositorische Geschlossenheit (Ringkomposition, Kontrast als dominierendes Prinzip der Darstellung).

Lernerfolgskontrolle: Vorschläge zu Klassenarbeiten

Die folgenden Übersetzungstexte – z. T. leicht gekürzt oder verändert – enthalten jeweils ca. 110 Wörter und werden mit Bearbeitungsaufgaben angeboten. Sie sind den jeweiligen Unterrichtseinheiten (UE), die der Textband bietet, zugeordnet.

UE I/1: Charakterisierung des Brutus: *Livius I 56, 6–8*
(nach Livius II 2)

UE I/2: Die invidia gegen P. Valerius: *Livius II 7, 5–10*
(nach Livius II 2 oder II 1–5)

UE I/3: Charakterisierung des Tarquinius Superbus: *Livius I 49, 1–7*
(nach Livius II 3)

UE II/1: Agitation des vertriebenen Tarquinius Superbus in Veii und Tarquinii: *Livius II 6,1 1–5*
(nach Livius II 9, 4)

UE II/2: C. Mucius vor Porsenna: *Livius II 12, 9–11*
(nach Livius II 12, 8)

UE II/3: Cocles / Scaevola / Cloelia: *libri II Periocha*
(nach Livius II 13)

UE II/4: Manlius Torquatus und der Gallier: *Claud. Quadrig. fr. 10*
(nach Livius VII 9/10)

UE III/1: Freikauf eines verschuldeten Centurio durch Manilus Capitolinus: *Livius VI 14, 3–7*
(nach Livius II 23/24)

UE III/2: Reform des Schuldrechts wegen Mißbrauch (326 v. Chr.): *Livius VIII 28, 5–9*
(nach Livius II 31)

UE III/3: Die politische Fabel des Menenius Agrippa: *Livius II 32, 8–11*
(nach Livius II 32, 5)

UE IV/1: Wie stellt man die Eroberung einer Stadt dar?: *Quintilian inst. orat. VIII 67–70*
(nach Livius II 33, 8)

UE IV/2: Der Auszug der Plebs in der Darstellung des Autors: *Livius II 32, 1–4*
(nach Livius II 34)

UE IV/3: Der Krieg und die Mütter: *Livius XXII 7, 10–13*
(nach Livius II 39, 9)

UE IV/4: Die Coriolan-Erzählung bei *Valerius Maximus* (1. Jh. n. Chr.)
(nach Livius II 40)

UE I/1

Übersetzung: Livius I 56, 6–8

Durch eine Reihe von Maßnahmen (Bau des Jupitertempels, der Cloaca Maxima, Erweiterung des Circus) versucht Tarquinius Superbus, das Volk zu beschäftigen und aufrührerische Tendenzen zu unterdrücken. Dabei kommt es zu einem Wunderzeichen. Um dessen Bedeutung zu erfahren, beschließt Tarquinius, sich direkt an das Orakel in Delphi zu wenden.

Neque responsa sortium ulli alii committere ausus duos filios per ignotas ea tempestate terras, ignotiora maria in Graeciam misit; Titus et Arruns profecti; comes iis additus est Iunius Brutus, Tarquinia, sorore regis, natus. iuvenis longe alius ingenio erat, quam cuius simulationem induerat. is cum primores civitatis, in quibus fratrem suum, ab avunculo interfectos audivisset, neque in animo suo quicquam regi timendum neque in fortuna concupiscendum relinquere statuit contemptuque tutus esse, ubi in iure parum praesidii esset. ergo ex industria factus est ad imitationem stultitiae, se suaque praedae esse regi sivit, Bruti quoque haud abnuit cognomen, ut sub eius obtentu cognominis liberator populi Romani opperiretur tempora sua.

sortes: *pl.* Orakel • **longe:** *adv.* ganz • **quam cuius simulationem induerat** = quam id ingenium erat, quod simulaverat • **simulare:** vortäuschen • **in quibus** = et in iis • **avunculus:** Onkel • **concupiscere:** heftig wünschen • (S): **timendum, concupiscendum** = quod timere, concupiscere posset • **fortuna:** äußere Lage, Verhältnisse • **factus est** = assuefactus est • **assuefieri:** sich gewöhnen an • **obtentus, -us,** *m:* Deckmantel • **opperiri,** -ior, -pertus sum: erwarten, warten auf • **liberator:** ‚zukünftiger Befreier'

Bearbeitungsaufgaben

A 1

Warum wendet sich Tarquinius nicht an seine etruskischen Wahrsager?

A 2

2.1 *comes* (Z. 5): Was für ein Satzteil?

2.2 *ingenio* (Z. 7): Bestimmen Sie den Kasus und seine Bedeutung.

2.3 Erklären Sie die Wortbildung von *ingenium.*

A 3

3.1 *Is cum ... praesidii esset.* (Z. 8–14) Erstellen Sie ein Satzbild der Periode.

3.2 Was sind aus der Sicht des Brutus die Haupteigenschaften eines Gewaltherrschers (Tarquinius)?

A 4

4.1 Z. 16: Versuchen Sie aus dem Zusammenhang die deutsche Bedeutung von *brutus* zu erschließen.

4.2 Welches ist im vorliegenden Text der beherrschende Grundzug im Verhalten des Brutus? Belegen Sie Ihre Auffassung aus dem lat. Text!

4.3 Welche Folgerungen lassen sich aus dieser Charakterisierung für die Interpretation seines Verhaltens gegenüber Tarquinius Collatinus (II 2) ziehen?

4.4 *liberator* (Z. 8): Setzen Sie aufgrund der bisherigen Lektüre ein lateinisches Synonym für diesen Begriff ein.

Erwartungshorizont

A 1

Tarquinius fürchtet, daß eine negative Antwort (Auslegung des Wunderzeichens) von seinen Gegnern dazu mißbraucht werden könnte, ihn zu stürzen.

A 3.1

Is cum primores civitatis,
in quibus fratrem suum,
ab avunculo interfectos audivisset,
neque in animo suo quicquam regi timendum
neque in fortuna concupiscendum relinquere
[statuit
contemtuque tutus esse,
ubi in iure parum praesidii esset.

A 3.2

Angst *(timor)* vor Gegnern, die ihm geistig gewachsen sind, also eine intellektuelle Bedrohung seiner Herrschaft darstellen;
Gier *(cupido)* nach dem Besitz anderer, der eine materielle Bedrohung sein könnte.

A 4.1

brutus: dumm, schwachsinnig.

A 4.2–3

Täuschung *(simulatio)*. Tarquinius Collatinus gegenüber täuscht er vor, auf Druck des Volkes seine Abdankung zu verlangen.

A 4.4

vindex. Vgl. II, 1, 9.

UE I/2

Übersetzung: Livius II 7, 5–10

Die vertriebenen Tarquinier ziehen mit einem Heer aus Etrurien gegen Rom. In einem ersten Gefecht fallen Arruns Tarquinius und der Consul Brutus in einem Zweikampf als Anführer der Reiterei. Der überlebende Konsul P. Valerius führt das Heer zurück nach Rom.

Consuli deinde, qui superfuerat, ex favore non invidia modo sed suspicio etiam cum atroci crimine orta est, ut sunt mutabiles vulgi animi. regnum eum petere fama ferebat, quia nec collegam creaverat in locum Bruti et aedificabat in summa Velia: ibi alto atque munito loco arcem inexpugnabilem fieri. haec dicta a vulgo creditaque cum indignitate angerent consulis animum, vocato ad concilium populo consul ‚Numquamne ergo', inquit, ‚ulla adeo vobis spectata virtus erit, ut suspicione violari nequeat? ego timerem me, acerrimum regum hostem, ipsum cupiditatis regni crimen subiturum esse? tam levi momento mea apud vos fama pendet? adeo est fundata leviter fides, ut magis referat, ubi sim quam qui sim?'

crimen: Vorwurf • **fama ferebat** = fama erat • **nec ... et:** einerseits nicht ... andererseits • **Velia:** Anhöhe zwischen Palatin und Esquilin • **angere:** beunruhigen • **spectatus:** anerkannt • **nequire:** nicht können • (S) **timerem:** timere hier mit aci konstruiert, da es sich um die Aussagen der Leute handelt • **momentum:** Beweggrund, Anlaß (= Hausbau auf der Velia) • **pendere:** abhängen • **fundare:** *vgl.* fundamentum • **refert:** es liegt daran, kommt darauf an • **qui:** wie *(Fragewort)*

Bearbeitungsaufgaben

A 1

1.1 ..., *quia nec ... Velia* (Z. 5–7): Erklären Sie den Tempuswechsel in diesem Nebensatz.

1.2 Erklären Sie das *ut* in Z. 12 und 17.

1.3 Bestimmen Sie die Art des Fragesatzes Z. 13: *Ego timerem ...*

A 2

2.1 Nennen Sie den Gegenbegriff zu *invidia* Z. 2.
2.2 Nennen Sie die Bedeutungsunterschiede zwischen *populus, plebs* und *vulgus.*
2.3 Begründen Sie davon ausgehend, warum in Z. 10/11 für Volk *populus* gesetzt ist.
2.4 Nennen Sie jeweils ein lat. Synonym für die zwei Bedeutungen von *fama* (Z. 4/16).

A 3

3.1 Wie lautet der Vorwurf gegen P. Valerius?
3.2 Gegen welche andere Person wird in dem im Unterricht gelesenen Text ein ähnlicher Vorwurf ausgesprochen? Worin bestand dieser Vorwurf?
3.3 Wie sind die Reaktionen beider? Gehen Sie dabei für Valerius von dem Begriff der *indignitas* aus.

A 4

4.1 Durch *momentum* (Z. 16), entstanden aus *movimentum* = Bewegungsmittel, Gewicht, wird das Bild der Waage evoziert. Mit welchen Begriffen (positiv/negativ) ‚füllt' der Konsul *in seiner Rede* jeweils die Waagschalen? Welche der beiden hat *nach Aussage des ganzen Textes* das größere Gewicht?
4.2 Wie wird dieses Bild durch den Autor im Text vorbereitet?

Erwartungshorizont

A 1.1
creaverat liegt schon weiter zurück, während *aedificabat* aussagt, daß das Haus noch im Entstehen begriffen ist.

A 2.1
Gegenbegriff: *favor* (Z. 1).

A 2.2
populus: Volk als Ganzes in seiner verfassungsmäßigen Organisation
plebs: bestimmte Volksschicht im Gegensatz zu den *patres*
vulgus: die bloße Masse

A 2.3
Das Volk ist als Verfassungsorgan zur *contio* = Volksversammlung einberufen worden.

A 2.4
fama (Z. 4) = *sermo* (oder *rumor*)
fama (Z. 16) = *nomen, gloria* (oder *auctoritas*)

A 3.1
crimen: Streben nach Königsherrschaft. Begründung: 1. Er hat keinen Nachfolger für Brutus wählen lassen (Verstoß gegen das Prinzip der Kollegialität); 2. Hausbau auf der Velia; dadurch setzt sich der Konsul vom Volk ab; damit ergibt sich implizit der Vorwurf der *superbia.*

A 3.2
Kap. 2, 3–11. Gegen Tarquinius Collatinus. Vorwurf: sein königlicher Name stelle eine Bedrohung für die *libertas* dar und berge damit die Gefahr, daß er nach Königsherrschaft strebe.

A 3.3
Collatinus: Resignation – *abdicatio.*
P. Valerius: Widerstand – Verteidungsrede vor dem Volk.
Er nützt die Möglichkeiten seines Amtes (Einberufung der Volksversammlung). Er erkennt zugleich die Gefahr der Irrationalität des Angriffs (Z. 5: *haec cum indignitate angerent consulis animum*) und versucht seine Unhaltbarkeit durch die eigenen Verdienste zu widerlegen.
Er zieht daraus eine allgemeine Folgerung, die zugleich den Vorwurf an das Volk zurückgibt, daß die fides gestört sei.
Geschickt bedient er sich der Doppeldeutigkeit des Begriffs *fama,* womit er die Intrige gegen seine Person disqualifiziert.

A 4.1

–		+	
suspicio	Z. 12	*virtus*	Z. 12
crimen	Z. 15	*fama*	Z. 16
suspicio	Z. 2	*fides*	Z. 17
crimen	Z. 3		
fama	Z. 4		
invidia	Z. 2	*favor*	Z. 1

Nach der Aussage des ganzen Textes wiegt die ‚negative' Waagschale mehr.

A 4.2

Z. 3 ..., *ut sunt mutabiles vulgi animi* (Z. 1: *favor* → *invidia*).

UE I/3

Übersetzung: Livius I 49, 1–7

Charakteristik des Tarquinius Superbus, als dieser nach der Ermordung des Servius Tullius den Thron besteigt

Inde L. Tarquinius regnare coepit, cui Superbo cognomen facta indiderunt, quia socerum gener sepultura prohibuit Romulum quoque insepultum perisse dictitans, primoresque patrum, quos Servi rebus favisse credebat, interfecit; conscius deinde male quaerendi regni ab se ipso adversus se exemplum capi posse, armatis corpus circumsaepsit; neque enim ad ius regni quicquam praeter vim habebat, ut qui neque populi iussu neque auctoribus patribus regnaret. eo accedebat, ut in caritate civium nihil spei reponenti metu regnum tutandum esset. quem ut pluribus incuteret cognitiones capitalium rerum sine consiliis per se solus exercebat, perque eam causam occidere, in exsilium agere, bonis multare poterat non suspectos modo aut invisos sed, unde nihil aliud quam praedam sperare posset. hic regum primus traditum a prioribus morem de omnibus senatum consulendi solvit; domesticis consiliis rem publicam administravit; bellum, pacem, foedera, societates per se ipse, cum quibus voluit, iniussu populi ac senatus fecit diremitque.

indere, -o, -didi, -ditum: beilegen • **socer:** Schwiegervater • **gener:** Schwiegersohn • **insepultus:** unbestattet • **quaerere:** gewinnen • **exemplum capere ab aliquo:** sich an jemand ein Beispiel nehmen • **circumsaepire:** umgeben • **ut qui:** da er ja • **reponere:** setzen auf, *lat.* in + *abl.* • (S) **quem:** *rel. Satzanschluß mit Inversion des ut* • **metum incutere:** Furcht einflößen • **cognitio:** gerichtliche Untersuchung • **res capitales:** Kapitalverbrechen • **sine consiliis:** ohne Beirat (Richter) • **bonis multare:** mit dem Verlust des Vermögens bestrafen • **domesticis consiliis:** ‚nach den Interessen seines Hauses' • **unde** = *sc.* eos, a quibus • **dirimere,** -o, -emi, -emptum: lösen

Bearbeitungsaufgaben

A 1

1.1 *dictitare* (Z. 4) ist von *dicere* abgeleitet. Wie nennt man diese Wortbildung?

1.2 Bestimmen Sie die drei im Text vorkommenden nd-Formen?

1.3 ... *unde* ... *posset* (Z. 19): Erklären Sie, warum in diesem Relativsatz Konjunktiv steht.

A 2

Versuchen Sie anhand der folgenden Fragen die drei Hauptmerkmale von Gewaltherrschaft anzugeben und sie jeweils durch einen lat. Begriff zu belegen.

2.1 Wie ist Tarquinius an die Macht gekommen und worauf beruht seine Herrschaft?

2.2 Wodurch erhält er sich seine Herrschaft a) im allgemeinen b) im besonderen?

A 3

War nach Auffassung des Livius die Herrschaft der früheren Könige uneingeschränkt? Belegen Sie Ihre Auffassung aus dem Text.

Erwartungshorizont

A 2.1

vis

A 2.2

a) *terror* b) *licentia*

A 3

Die Herrschaft war offensichtlich nicht uneingeschränkt. Dies läßt sich von den negativen Aussagen des Textes her belegen:

Z. 10–12: *ut qui neque populi iussu neque auctoribus patribus regnaret.*

Z. 16: Die Untersuchungen von Kapitalverbrechen führte er *sine consiliis* durch.

Z. 20–22: *Hic primus regum traditum a prioribus morem de omnibus senatum consulendi solvit.*

UE II/1

Übersetzung: Livius II 6, 1–5

(Mit Kürzungen im Anschluß an II 9, 1–4; die kursiven Stellen weisen auf wörtliche Übereinstimmung mit dem Bezugstext hin.)

Nachdem der Versuch des Tarquinius Superbus, durch eine Verschwörung nach Rom zurückzukehren, gescheitert war, bemühte er sich in Etrurien um eine Gefolgschaft für den Krieg gegen Rom.

Tarquinius bellum aperte moliendum *ratus* circumibat supplex Etruriae urbes, *orabat* maxime Veientes Tarquiniensesque, *ne ex* se *ortum, eiusdem sanguinis, exulem egentem* cum liberis adulescentibus ante oculos suos perire sinerent: alios peregre in *regnum* Romam accitos, se *regem* a proximis scelerata coniuratione *pulsum.* eos inter se, quia nemo unus satis dignus regno visus sit, partes regni rapuisse; bona sua diripienda populo dedisse, ne quis expers sceleris esset. patriam se regnumque suum *repetere* et persequi ingratos cives velle. ferrent opem, adiuvarent. Tarquinienses nomen ac cognatio movet; pulchrum videbatur *suos Romae regnare.* ita duo duarum civitatum *exercitus* ad repetendum regnum belloque persequendos Romanos secuti sunt Tarquinium. *(103 W.)*

moliendum = incipiendum • **circumire urbes:** von Stadt zu Stadt gehen • **supplex:** als Bittsteller • **Veientes Tarquiniensesque:** die Einwohner von Veji und Tarquinii • (S) **adulescentibus:** *adjektivisch gebraucht* • **peregre:** aus der Fremde • **accitos** *von* accire: herbeiholen • **rapere:** an sich reißen • **persequi:** zur Rechenschaft ziehen • **cognatio:** Verwandtschaft

Bearbeitungsaufgaben

A 1

Ein Problem dieses Textes ist die richtige Auflösung der Reflexivpronomina. Geben Sie an, auf welche der drei folgenden Gruppen (Einwohner von Tarquinii; Tarquinius Superbus + *liberi*; ‚Verschwörer' in Rom) das jeweilige Reflexivum zu beziehen ist:

4 *se*; 6 *suos*; 7 *se*; 9 *inter se*; 12 *se, suum*; 16 *suos*.

A 2
Was sind *moliendum* (1) und *repetendum* (17) für Formen?

A 3
12/13 *patriam – velle:* Welche Wörter dieses Satzes sind chiastisch angeordnet? Wo liegt ein Hyperbaton vor? Was kann die jeweilige Wortstellung an dieser Stelle ausdrücken?

A 4
Auf welche Weise gelingt es Tarquinius, die etruskischen Städte zu einem Feldzug gegen Rom zu bewegen? (Untersuchen Sie Aussagen, Redeformen und Argumentationsweise.)

A 5
Welche Bezüge ergeben sich zu den Verhandlungen zwischen den Tarquiniern und Porsenna in Kap. 9, 1–4? Stellen Sie dazu die lat. Entsprechungen aus beiden Texten gegenüber.

UE II/2

Übersetzung: Livius II 12, 9–11

Im Anschluß an 12, 1–8 als Kontrolle der Übersetzungsfähigkeit und der selbständigen Interpretation der Ausdrucksebene des Textes anhand leitender Oberbegriffe; gegebenenfalls auch als Gruppenarbeit geeignet.

Tum quoque inter tantas fortunae minas metuendus magis quam metuens ‚Romanus sum', inquit, ‚civis, C. Mucium vocant. hostis hostem occidere volui, nec ad mortem minus animi est quam fuit ad caedem; et facere et pati fortia Romanum est. nec unus in te ego hos animos gessi; longus post me ordo est idem petentium decus … *(Deshalb mach dich darauf gefaßt, wenn es dich danach gelüstet, daß du von Stunde zu Stunde um dein Leben kämpfen mußt, einen bewaffneten Feind vor deinem Zelt finden kannst.)* … hoc tibi iuventus Romana indicimus bellum. nullam aciem, nullum proelium timueris; uni tibi et cum singulis res erit.' *(72 W.)*

vocant: *ergänze* me • **fortia:** *acc. plur. neutr. substantiviert* • **animum gerere in aliquem:** eine Gesinnung gegen jd. hegen • **decus** = gloria • **iuventus Romana** = iuvenes Romani • **nullum timueris:** *prohibitiver Konjunktiv* • **mihi res est cum aliquo:** ich habe es mit jd. zu tun

Bearbeitungsaufgaben

Untersuchung der sprachlich-stilistischen Mittel der Darstellung (herausschreiben, benennen, nach Möglichkeit deuten) unter folgenden Gesichtspunkten:
a) Wortstellung (Figuren, Tonstellen);
b) Wortverwendung;
c) Lautgestalt;
d) Satzbau

UE II/3

Übersetzung: **libri II Periocha** *(Weissenborn – Müller S. 161/62)*

Zum Abschluß der UE II: Horatius Cocles, Mucius Scaevola, Cloelia

Porsenna, Clusinorum rex, bello pro Tarquiniis suscepto cum ad Ianiculum venisset, ne Tiberim transiret, virtute Coclitis Horati prohibitus est, qui, dum alii pontem sublicium rescindunt, solus Etruscos sustinuit et ponte rupto armatus in flumen se misit et ad suos tranavit.

Accessit alterum virtutis exemplum in Mucio, qui, cum ad feriendum Porsennam castra hostium intrasset, occiso scriba, quem regem esse existimaverat, comprehensus inpositam manum altaribus, in quibus sacrificatum erat, exuri passus est dixitque tales trecentos esse. quorum admiratione coactus Porsenna pacis condiciones ferre bellum omisit acceptis obsidibus. *(86 W.)*

Ex quibus virgo una Cloelia deceptis custodibus per Tiberim ad suos transnavit et, cum reddita esset, a Porsenna honorifice remissa equestri statua donata est. *(110 W.)*

U II/4

Hinweis zur Lernerfolgskontrolle im Anschluß an die Lektüre von *Livius VII 9/10* (Manlius Torquatus und der Gallier):

Nach der Lektüre der beiden Fassungen der Erzählung bei *Claudius Quadrigarius* und *Livius* können die Arbeitsaufträge zur vergleichenden Interpretation im Arbeitsbuch in Auswahl für eine reine Interpretationsarbeit genutzt werden. Sie sind in dieser Form erprobt worden. Diese Lektüre und abschließende Interpretation empfiehlt sich besonders im Anschluß an die *‚exempla'* der zweiten Unterrichtseinheit.

UE III/1

Übersetzung: **Livius VI 14, 3–7** im Anschluß an II 23/24

Einen ähnlichen Anlaß zum Aufruhr wie in II 23 schildert Livius an anderer Stelle: Dort wird ein Zenturio, der in Schuldknechtschaft geraten ist, von M. Manlius Capitolinus, dem Verteidiger des Capitols gegen die Gallier, freigekauft. Manlius verbindet damit die Absicht, die Gunst des Volkes zur Durchsetzung seiner politischen Interessen gegenüber den Patriziern zu gewinnen.

Gliscente in dies *seditione* M. Manlius centurionem nobilem *militaribus* factis iudicatum pecuniae cum *duci* vidisset, medio *foro* cum caterva sua accurrit et manum iniecit; vociferatusque de *superbia patrum* ac crudelitate feneratorum et *miseriis plebis,* virtutibus eius viri fortunaque ‚tum vero ego', inquit, ‚nequiquam hac dextra Capitolium arcemque servaverim, si civem commilitonemque meum tamquam Gallis victoribus captum in *servitutem* ac *vincula duci* videam'. inde rem *creditori* palam populo solvit liberatumque emittit deos atque homines obtestantem, ut M. Manlio, liberatori suo, parenti plebis Romanae, gratiam referant. acceptus extemplo in tumultuosam *turbam* et ipse *tumultum* augebat *cicatrices* acceptas Veienti, Gallico aliisque deinceps bellis *ostentans (99 W.): se militantem usuris* obrutum esse; videre lucem, forum, civium ora M. Manli opera; illi devovere corporis vitaeque ac sanguinis quod supersit. *(119 W.)*

Bei diesem und dem folgenden Text weisen die kursiv gesetzten Stellen auf wörtliche Übereinstimmung mit dem Bezugstext hin. Auf die Angabe von Übersetzungshilfen wurde verzichtet, da deren Umfang und Art von der Benutzung des Lexikons und den jeweiligen Lernvoraussetzungen der Gruppe abhängig sind.

UE III/2

Übersetzung: Livius VIII 28, 5–9

im Anschluß an II 31, bezogen auf II 23/24

Nach einem späteren Bericht des Livius ist das Schuldrecht im Jahre 326 v. Chr. durch die lex Poetelia Papiria aus folgendem Anlaß reformiert worden: Der Gläubiger L. Papirius hatte versucht, den jungen C. Publilius, der sich für die Schulden seines Vaters in Schuldknechtschaft begeben hatte, sexuell zu mißbrauchen. Als der junge Mann sich standhaft weigerte, ließ er ihn auspeitschen.

Verberibus laceratus iuvenis cum *se in publicum proripuisset* libdinem crudelitatemque conquerens *feneratoris, ingens* vis homnium cum aetatis miseratione atque indignitate iniuriae accensa, tum suae condicionis liberorumque suorum respectu in forum atque inde *agmine* facto ad *curiam* concurrit; et cum *consules tumultu* repentino coacti *senatum vocarent,* introeuntibus in curiam *patribus* laceratum iuvenis *tergum* procumbentes ad singulorum pedes *ostentabant.* victum eo die ob impotentem iniuriam unius ingens vinculum *fidei,* iussique consules ferre ad populum, *ne quis,* nisi qui noxam meruisset, *donec* poenam lueret, in compedibus aut in nervo teneretur; pecuniae creditae bona *debitoris,* non *corpus* obnoxium esset.
ita *nexi soluti, plebique Romanae* velut aliud initium *libertatis* factum est. *(106 W.)*

UE III/3

Übersetzung: Livius II 32, 8–11

Im Anschluß an die Lektüre von 32, 1–5; die Interpretationsaufgabe zum übersetzten Text kann der Aufgabe 11 zu Kap. II 32 im Arbeitsbuch entnommen werden.

Eine politische Fabel aus dem Geschichtswerk des Livius

Während der Ständekämpfe des 5. Jahrhunderts war die plebs Romana auf den Heiligen Berg außerhalb der Stadtgrenze gezogen, um durch diesen ‚Generalstreik' ihre Forderungen nach politischen Rechten durchzusetzen. In Rom herrschte Furcht vor dem inneren Konflikt und vor einer möglichen Bedrohung von außen. Deshalb sollte Menenius Agrippa im Auftrag des Senats das Volk zur Rückkehr bewegen, um in Verhandlungen die concordia civium wiederherzustellen.

Placuit igitur oratorem ad plebem mitti Menenium Agrippam, facundum virum et, quod inde ortus erat, plebi carum. is intromissus in castra (prisco illo dicendi et horrido modo) nihil aliud quam hoc narrasse fertur:

tempore, quo in homine non ut nunc omnia in unum consentiant, sed singulis membris suum cuique consilium, suus sermo fuerit, indignatas reliquas partes sua cura, suo labore ac ministerio ventri omnia quaeri, ventrem in medio quietum nihil aliud quam datis voluptatibus frui. conspirasse inde, ne manus ad os cibum ferrent nec os acciperet datum nec dentes, quae acciperent, conficerent. hac ira, dum ventrem fame domare vellent, ipsa una membra totumque corpus ad extremam tabem venisse. inde apparuisse ventris quoque haud segne ministerium esse, nec magis ali quam alere eum reddentem in omnes corporis partes (hunc, quo vivimus vigemusque, divisum pariter in venas) maturum confecto cibo sanguinem. *(124 W.)*

Die beiden eingeklammerten Stellen sind bei der Übersetzung auszulassen. • **placuit:** *erg.* patribus • **intromittere:** einlassen • **omnia** *erg.* membra • **indignatas** *erg.* esse; **indignari:** empört sein • **quaerere:** beschaffen • **nihil aliud** *erg.* facere • *zu* **conspirasse** *erg.* membra *als Subjektsakkusativ* • **conficere:** verarbeiten • **unā:** zugleich • **tabes,** is, **f.:** Schwäche • **segnis,** e – fruchtlos • **maturus:** aufgefrischt

UE IV/1

Im Anschluß an II 33, 4–8 ist *Quint. inst. orat.* VIII 67–70 als Übersetzung und vergleichende Interpretation geeignet, vgl. Aufgabe 6 zu Kap. II 33 im Arbeitsbuch.

UE IV/2

Übersetzung: Livius II 32

Im Anschluß an die Rede Coriolans II 34, 9–11, für deren Verständnis der Auszug der plebs und die Einrichtung des Volkstribunats als Fakten bekannt sein müssen, läßt sich die Darstellung Coriolans mit der des Autors anhand der folgenden gekürzten Fassung aus Livius II 32 vergleichen:

Timor inde patres incessit, ne, si dimissus exercitus foret, rursus coetus occulti coniurationesque fierent. itaque per causam renovati ab Aequis belli educi ex urbe legiones iussere.
quo facto maturata est seditio. et primo agitatum dicitur de consulum caede, ut solverentur sacramento; doctos deinde nullam scelere religionem exsolvi Sicinio quodam auctore iniussu consulum in Sacrum montem secessisse. trans Anienem amnem est, tria ab urbe milia passuum. ibi sine ullo duce vallo fossaque communitis castris quieti rem nullam nisi necessariam ad victum sumendo per aliquot dies neque lacessiti neque lacessentes sese tenuere. *(90 W.)*

Interpretation: vgl. Aufgabe 8.2 zu Kap. II 32 im Arbeitsbuch

UE IV/3

Übersetzung: Livius XXII 7, 10–13

Im Anschluß an die kriegerischen Ereignisse der Kap. II 33 und 39, 1–9 läßt sich an dem folgenden Arbeitstext aus Liv. XXII 7, 10–13 zeigen, daß der Autor, auch wenn er die kriegerische Leistung würdigt, den Krieg keineswegs verherrlicht, sondern auch seine Schrecken bis hinein in das anonyme Einzelschicksal ausmalt. In unserem Zusammenhang (Veturia!) bietet sich als Überschrift an: ‚Der Krieg und die Mütter'.

Hannibal hat im Jahre 217 v. Chr. das römische Heer unter dem Konsul C. Flaminius in einem Engpaß am Trasumenischen See (bei Perugia) durch ein Umgehungsmanöver ver-

nichtend geschlagen. 15 000 Römer sollen gefallen, nur 10 000 entkommen sein. Die Reaktion der römischen Bevölkerung auf diese Schreckensnachricht schildert der folgende Text:

Romae ad primum nuntium cladis eius in multas curas distracti animi eorum erant, quorum propinqui sub C. Flaminio consule meruerant, *ignorantium,* quae cuiusque suorum fortuna esset; nec quisquam satis certum habet, quid aut speret aut timeat.

postero ac deinceps aliquot diebus ad portas maior prope mulierum quam virorum multitudo stetit aut suorum aliquem aut nuntios de iis opperiens; circumfundebantur que obviis *sciscitantes* neque avelli, utique ab notis, priusquam *ordine* omnia *inquisissent,* poterant. inde varios vultus digredientium ab nuntiis cerneres, ut cuique laeta aut tristia nuntiabantur.

feminarum praecipue et gaudia insignia erant et luctus: unam in ipsa porta sospiti filio repente oblatam in complexu eius exspirasse ferunt, alteram, cui mors filii falso nuntiata erat, maestam sedentem domi ad primum conspectum redeuntis gaudio nimio exanimatam.

meruerant *scil.* stipendia • **certum habere:** sicher wissen • **deinceps:** darauf folgend • **opperiri:** erwarten • **obvius:** Ankommender • **circumfundi:** *wie kann man das Passiv besser übersetzen?* • **avellere:** abdrängen, abschütteln; *wovon ist der Inf. abhängig?* • **utique:** besonders, zumal • **cerneres:** *Potentialis der Verg. im HS* • **sospes,** sospitis: heil, unversehrt • **offerri:** (entgegengetragen werden) begegnen • **expirasse** *scil.* animam • **redeuntis** *scil.* filii • **exanimatam** *scil.* esse ferunt

Zusätzliche Aufgaben

1. ignorantium (4): in welchem *Bedeutungsverhältnis steht* dieses Partizip zum Rahmensatz?
2. sciscitantes (12): erklären Sie die *Wortbildung*!
3. ordine (13): welche *Bedeutung* hat dieser Ablativ?
4. inquissisent (14): erklären Sie die *Form*!

UE IV/4

Übersetzung: Valerius Maximus: factorum et dictorum memorabilium libri

Im Anschluß an Livius II 33–40 (Coriolan)

In dieser Sammlung von denkwürdigen Taten und Aussprüchen (ca. 20 n. Chr.) findet sich folgende Zusammenfassung der Coriolan-Erzählung:

Coriolanus, maximi vir animi et altissimi consilii optimeque de re publica meritus, iniquissimae damnationis ruina prostratus ad Volscos infestos tunc Romanis confugit. (magno ubique pretio virtus aestimatur. itaque, quo latebras quaesitum venerat,) ibi brevi summum est adeptus imperium, evenitque, ut, quem pro se salutarem imperatorem cives habere noluerant, paene pestiferum adversus se ducem experirentur (: frequenter enim fusis exercitibus nostris victoriarum suarum gradibus aditum iuxta moenia urbis Volsco militi struxit.)

Quapropter fastidiosus ille in aestimandis bonis suis populus, qui reo non pepercerat, exuli coactus est supplicare. missi ad eum deprecandum legati nihil profecerunt; missi deinde sacerdotes cum infulis aeque sine effectu redierunt. (stupebat senatus, trepidabat populus, viri pariter ac mulieres exitium imminens lamentabantur.)

Tunc Veturia, Coriolani mater, Volumniam, uxorem eius, et liberos secum trahens castra Volscorum petiit. quam ubi filius aspexit, „expugnasti" inquit „et vicisti iram meam, patria, precibus huius admotis, cuius utero te quamvis merito mihi invisam dono", continuoque agrum Romanum hostilibus armis liberavit.

(119 W., Kürzungen in Klammer; letzter Abschnitt gegebenenfalls mit Übersetzung:)

Ergo pectus dolore acceptae iniuriae, spe potiendae victoriae, verecundia detrectandi ministerii, metu mortis refertum totum sibi pietas vacuefecit; uniusque parentis aspectus bellum atrox salutari pace mutavit.

Bearbeitungsaufgaben

1. Wie wird Coriolan, wie der *populus Romanus* in diesem Text charakterisiert? (Belegen Sie Ihre Angaben aus dem lat. Text!)
2. Mit welcher Absicht wird diese Geschichte erzählt? (Wofür dient sie als ‚*exemplum*'?)
3. Welche Änderungen gegenüber der Darstellung des Livius bilden die Voraussetzung für diese Würdigung Coriolans im vorliegenden Text?

Erwartungshorizont

1.1 Coriolan:
vir maximi animi et altissimi consilii
optimeque de re publica meritus,
(iniquissime damnatus)
virtus – summum imperium adeptus
(salutaris imperator) – dux pestifer
pectus dolore ... spe ... verecundia .. metu
pietas *[... refertum*

Coriolan ist der überragende (Superlative) und verdientsvolle Mann, dessen Leistung vom eigenen Volk nicht gewürdigt wird. Seine Tüchtigkeit, nicht eigener Antrieb *(latebras quaesitum)* macht ihn zum erfolgreichen Führer der Feinde. Ihm ist Unrecht geschehen; doch die sittliche Norm der *pietas* läßt ihm am Ende alle berechtigten Affekte unter Aufgabe seiner Existenz überwinden.

1.2 populus:
inquissima damnatio = Unbilligkeit;
fastidiosus in aestimandis bonis suis = es kann die Vorzüge und Verdienste einzelner nicht würdigen;
reo non pepercerat = es kennt keine Schonung;
supplicare, trepidabat = es zeigt keine Haltung in einer mitverschuldeten Notlage.

2. Exemplum für die Wirkungsmacht der *pietas,* für die Bedeutung der *virtus* einzelner für die Gemeinschaft und deren Unfähigkeit, sie zu würdigen.

3. Es fehlen der das Verhalten der *plebs* motivierende sozialpolitische Konflikt, Coriolans Anteil an der Verbannung sowie das Motiv der Rache.

4. Funktionen

4.0. Vorbemerkungen

4.0.1. Grundsätzliches zu den Kasus

4.0.1.1. Im Wechselspiel von Form und Funktion ist eine Form nicht immer eindeutig nur einer einzigen Funktion zuzuordnen. Umgekehrt kann dieselbe Funktion von verschiedenen Formen übernommen werden (vgl. 1.2.) Es ist aber nicht gleichgültig, welcher Kasus zur Erfüllung einer Funktion verwendet wird. Das liegt daran, daß die Kasus unabhängig von den syntaktischen Beziehungen im Satz schon von sich aus inhaltliche Beziehungen anzeigen. Wir können also von einer **Grundbedeutung** einzelner Kasus sprechen, z. B.:

- der **Akkusativ** gibt *Ziel/Richtung* einer Handlung an;
- der **Ablativ** gibt den *Ausgangspunkt* oder die *Begleitumstände* einer Handlung an.
  Innerhalb dieser Grundbedeutung sind drei Bereiche zu unterscheiden (vgl. 4.4.1.2. b):
  1) *Separativ* (Frage: „Woher?")
  2) *Instrumentalis* oder *Soziativ* (Frage: „Womit?/Mit wem?")
  3) *Lokativ* (Frage: „Wo?, Wann?")
- der **Dativ** bezeichnet den *Nutzen* („Wozu?")/*Nutznießer* („Für wen?") einer Handlung;
- der **Genitiv** gibt den *Bereich* an, in den eingeordnet wird.

Aus den Grundbedeutungen der Kasus erklärt sich auch, warum manche Kasus in manchen Funktionen besonders häufig auftreten, z. B.: Genitiv als Attribut, Ablativ als Adverbativ (Adverbial).

4.0.1.2. Die Grundbedeutung von Akkusativ und Ablativ schließt die Angabe räumlicher, zeitlicher und anderer Verhältnisse ein (Frage: „Wie lange? / wie weit? / wann? / seit wann? / auf welche Weise?"). Diese werden in der Regel durch Präpositionen verdeutlicht und differenziert:

- beim **Akkusativ** z.B. durch:

per	(hin)durch	sub	unter („Wohin?")
in	in („Wohin?")	trāns	(hin)über

- beim **Ablativ**

1) als *Separativ* durch:

ā/ab	von (weg)		
ē/ex	aus, von ... her, infolge von	dē	von ... herab, über (z. B. über etw. erzählen)

2) als *Soziativ* durch:

sine	ohne	cum	mit

3) als *Lokativ* durch:

prō	vor, für, anstelle von	prae	vor
sub	unter („Wo?")	in	in („Wo?")

Anmerkung

Die lateinische Betrachtungsweise räumlicher oder zeitlicher Verhältnisse deckt sich nicht immer mit der deutschen, z. B.:

mālum ex arbore pendet. („Woher?")	Ein Apfel hängt am Baum. („Wo?")
Carthago et a terra et a mari munita erat. („Woher?")	Karthago war auf der Land- und Meerseite befestigt. („Wo?")

4.0.2. Übersicht über die Funktionen im Satz

Wir unterscheiden folgende vier Grundfunktionen:

1) **Prädikat** (vgl. 4.1.)
2) **Subjekt** (vgl. 4.2.)
3) **Ergänzungen** (vgl. 4.3.)
4) **Erweiterungen** (vgl. 4.4.)

Bei den Erweiterungen unterscheiden wir drei Gruppen:
Adverbativ (Adverbial), Prädikativ, Attribut

Beispiele:

mater	filium	amat.
Subj.	Erg.	Präd.

mater	filium	parvum	valde	amat.
Subj.	Erg.	Erw. Attr.	Erw. Advtv.	Präd.

mater	filio	librum	donavit.
Subj.	Erg.	Erg.	Präd.

heri	mater	gavisa	filio	parvo	librum	pulchrum	donavit.
Erw. Advtv.	Subj.	Erw. Prädtv.	Erg.	Erw. Attr.	Erg.	Erw. Attr.	Präd.

pater	vituperat,	quod heri schola afuisti.
Subj.	Präd.	Ergänzung

quod heri schola afuisti,	patri	displicet.
Subjekt	Erg.	Präd.

haec cum Crassus dixisset,	omnes	tacebant.
Erweiterung Advtv.	Subj.	Präd.

cena finita	pater	ambulabat.
Erw. Advtv.	Subj.	Präd.

5.2.2.

Nr.	Beschreibung der Konstruktion	Eingliederung der Konstruktion in den Satz
	Ablativ mit prädikativem Partizip	
27	**Textbefund:** Nomen/Pronomen im Ablativ (als Beziehungswort) in Verbindung mit einem kongruierenden Partizip Manchmal tritt statt eines Partizips auch ein Substantiv oder ein Adjektiv auf; meistens handelt es sich dabei um formelhafte Wendungen wie: **(patre) invito, (Caesare) duce.**	**Funktion der Konstruktion:** Das Beziehungswort allein — ohne das Partizip — hat in der Regel keine Funktion im Satz; erst die Konstruktion als ganze fügt sich sinnvoll als **adverbative (adverbiale) Erweiterung** in den Satz ein[1].
	Verdeutlichung der Satzwertigkeit: Wenn die Aussage der Konstruktion als Satz formuliert wird, erscheint — das Partizip als Prädikat, — das Nomen/Pronomen als Subjekt zu diesem Prädikat, z. B.: **deliberante senatu Saguntum periit.** **dum deliberat senatus, Saguntum periit.**	**Semantischer Wert der Konstruktion:** Der semantische Wert dieser adverbativen (adverbialen) Erweiterung ist vom Kontext abhängig: Ein temporaler Sinn ist fast immer denkbar; mit ihm verbinden sich oft andere semantische Werte, z. B.: *kausal* (Satz 8), *konzessiv* (Satz 3, 6), *konditional* (Satz 5), *modal* (Satz 4). Ein finaler semantischer Wert kommt in dieser Konstruktion nicht vor.
	Umfang der Konstruktion: Das Partizip kann wie ein Prädikat Ergänzungen oder Erweiterungen bei sich haben, z. B.: **Aristide iniuriā a civibus patriā pulso** (Erw.) (Erw.) (Erg.) **Persae Graecos aggressi sunt.** Im allgemeinen rahmen Nomen/Pronomen im Ablativ und das Partizip die zugehörigen Ergänzungen/Erweiterungen ein.	**Zeitverhältnis:** Die Partizipialformen zeigen das Zeitverhältnis zwischen der Aussage der Partizipialkonstruktion und der des Satz-Prädikats an, und zwar:
	Als Partizipialformen können auftreten: — Partizip Präsens Aktiv → — Partizip Perfekt Passiv bzw. (selten) Deponens → Ein Partizip Futur — zum Ausdruck der Nachzeitigkeit — kommt nur sehr selten vor.	— Gleichzeitigkeit — (meist) Vorzeitigkeit

1 Weil das Nomen/Pronomen im Ablativ aus dem Funktionszusammenhang herauszufallen scheint, nennt man diese Konstruktion auch „ablativus absolutus" („losgelöster Ablativ").

Beispiele	Übersetzung
1) deliberante senatu Saguntum periit.	Während der Senat (noch) beriet, ging Sagunt (den Römern) verloren.
2) Aristide iniuriā a civibus patriā pulso Persae Graecos aggressi sunt.	Als Aristides zu Unrecht von seinen Mitbürgern aus seiner Heimat vertrieben wurde, griffen die Perser die Griechen an.
3) perditis omnibus rebus tamen ipsa virtus se sustentare potest.	Auch wenn man alles verloren hat, ist Tüchtigkeit aus eigener Kraft heraus imstande sich durchzusetzen.
4) Troiā exibant capitibus opertis.	Sie verließen Troja verhüllten Hauptes. (. . . nachdem sie ihre Häupter verhüllt hatten.)
5) natura duce errari nullo modo potest.	Mit der Natur als Führerin (unter der Führung der Natur/wenn die Natur leitet,) kann man nicht irregehen.
6) me invito hoc fecisti.	Das hast du gegen meinen Willen getan. (. . . , obwohl ich es nicht wollte.)
7) vere ineunte aves e terris ad solem spectantibus in Europam revolant.	Zu Frühlingsanfang (wenn der Frühling beginnt,) kehren die Vögel aus südlichen Ländern nach Europa zurück.
8) audito, quae domi acta essent[2], parentes quam celerrime ex Asia reverterunt.	Als die Eltern hörten, was sich zu Hause ereignet hatte, kehrten sie so schnell wie möglich von ihrer Asienreise zurück.
9) ut[3] re confecta omnes curam et diligentiam remittunt.	Sie lassen alle in ihrer Sorgfalt und Aufmerksamkeit nach, wie wenn die Angelegenheit beendet wäre.

2 Als Beziehungsgröße für das Partizip kann sogar ein ganzer Satz erscheinen, hier ein indirekter Fragesatz.

3 Außer **ut** signalisieren u. a. auch **velut, quasi, tamquam** einen angenommenen Grund.